Dinosaurios para
niños y jóvenes

Janice VanCleave

Dinosaurios para niños y jóvenes

Actividades superdivertidas para el aprendizaje de la ciencia

LIMUSA · WILEY

VanCleave, Janice

Dinosaurios para niños y jóvenes: Actividades superdivertidas para el aprendizaje

de la ciencia = Janice VanCleave´s dinosaurs for every kid: Easy activities that make

learning science fun / Janice VanCleave ; María Teresa García Arroyo, tr.

México : Limusa Wiley, 2004.

228 p. il.; 15 cm.

I. Dinosaurios - Experimentos - Literatura Juvenil

II. Proyectos científicos - Literatura juvenil

LC: QE862   Dewey: 567.'91 dc21

VERSIÓN AUTORIZADA EN ESPAÑOL DE LA OBRA PUBLICADA ORIGINALMENTE EN INGLÉS POR JOHN WILEY & SONS INC., CON EL TÍTULO:

DINOSAURS FOR EVERY KID

© JOHN WILEY & SONS INC., NEW YORK • CHICHESTER • WEINHEIM • BRISBANE • SINGAPORE • TORONTO

ILUSTRACIÓN DE PORTADA: © MONA MARK

CON LA COLABORACIÓN EN LA TRADUCCIÓN DE:
MARÍA TERESA GARCÍA ARROYO
SOCIÓLOGA POR LA UNIVERSIDAD NACIONAL AUTÓNOMA DE MÉXICO

REVISIÓN TÉCNICA:
MARIO ALBERTO HERNÁNDEZ CUAPIO

© 2004, EDITORIAL LIMUSA, S.A. DE C.V.
GRUPO NORIEGA EDITORES
BALDERAS 95, MÉXICO, D.F.
C.P. 06040
☎ (5) 8503-80-50
   01(800) 7-06-91-00
🖷 (5) 512-29-03
🕸 limusa@noriega.com.mx
   www.noriega.com.mx

CANIEM NÚM. 121

PRIMERA EDICIÓN
HECHO EN MÉXICO
ISBN 968-18-6436-0

Agradecimientos

Deseo expresar mi agradecimiento a mi nieta, Lauren Russell, y a sus compañeros de clase en la escuela primaria Bear Branch, por ayudarme a poner a prueba los experimentos de este libro: Frankie Berg, Joel Burchfield, Barbara Byrd, Lindsay Canatrell, Cory Downing, Brandon Edgeworth, Rebekah Fontenot, Michelle Haskin, Derek Ladd, Maureen Haloney, Aramis McGinnis, Cindy Metcalfe, Shannon Montgomery, Matthew Passmore, Elizabeth Rogers, Lauren Russell, Ruth Ann Shirley, Spencer Smith, Dusty Smulik, Cody Spiva, Lacy Thomas y Sabrina Wade. Fue también de gran ayuda la colaboración de Gary y Rodney Giles, así como la de Ben, Bonnie y Brett Parker.

Asimismo, deseo expresar una mención especial de agradecimiento a su maestra, la señora Gracie Hancock, por dirigir las actividades.

Este libro está dedicado a la Tropa Margaritas # 10002 de las Niñas Exploradoras de San Jacinto.

Líderes de las niñas exploradoras: Deborah Shirley y Ginger Russell Niñas exploradoras: Lindsey Davis, Michelle Haskin, Jessica Honsinger, Megan Marini, Shannon Montgomery, Heather Orth, Alex Rodríguez, Lauren Russell, Lindsy Sadowski, Ashley Shirley, Ruth Ann Shirley, Danae Smith y Britnee Stokes

Contenido

VIII   Dinosaurios para niños y jóvenes

Acerca de las unidades de medida usadas en este libro

- Como podrás ver, en los experimentos se emplean el Sistema Internacional (sistema métrico) y el sistema inglés, pero es importante hacer notar que las medidas intercambiables que se dan son aproximadas, no los equivalentes exactos.

- Por ejemplo, cuando se pide un litro, éste se puede sustituir por un cuarto de galón, ya que la diferencia es muy pequeña y en nada afectará el resultado.

- Para evitar confusiones, a continuación tienes unas tablas con los equivalentes exactos y con las aproximaciones más frecuentes.

SISTEMA INGLÉS	SISTEMA INTERNACIONAL (MÉTRICO DECIMAL)	APROXIMACIONES MÁS FRECUENTES
MEDIDAS DE VOLUMEN (LÍQUIDOS)		
1 galón	= 3.785 litros	4 litros
1 cuarto de galón (E.U.)	= 0.946 litros	1 litro
1 pinta (E.U.)	= 473 mililitros	$^1/_2$ litro
1 taza (8 onzas)	= 250 mililitros	$^1/_4$ de litro
1 onza líquida (E.U.)	= 29.5 mililitros	30 mililitros
1 cucharada	= 15 mililitros	
1 cucharadita	= 5 mililitros	
UNIDADES DE MASA (PESO)		
1 libra (E.U.)	= 453.5 gramos	$^1/_2$ kilogramo
1 onza (E.U.)	= 28 gramos	30 gramos
1 tonelada inglesa	= 907 kilogramos	900 kilogramos
UNIDADES DE LONGITUD (DISTANCIA)		
$^1/_8$ de pulgada	= 3.1 milímetros	3 mm
$^1/_4$ de pulgada	= 6.3 milímetros	5 mm
$^1/_2$ pulgada	= 12.7 milímetros	12.5 mm

³/₄ de pulgada	= 19.3 milímetros	20 mm
1 pulgada	= 2.54 centímetros	2.5 cm
1 pie	= 30.4 centímetros	30 cm
1 yarda (= 3 pies)	= 91.44 centímetros	1 m
1 milla	= 1,609 metros	1.5 km

TEMPERATURA

32 °F (Fahrenheit)	0 °C Celsius	Punto de congelación
212 °F	100 °C	Punto de ebullición

ABREVIATURAS

atmósfera = atm
milímetro = mm
centímetro = cm
metro = m
kilómetro = km
pulgada = pulg (in)
yarda = yd
pie = ft
taza = t
galón = gal
pinta = pt
cuarto de galón = qt
onza = oz
cucharada = C
cucharadita = c
litro = l
mililitro = ml

Introducción

Estudiar a los dinosaurios es como introducirse en una máquina del tiempo y viajar hacia el pasado más de 65 millones de años. Hoy tienes la oportunidad de conocer en detalle a estos sorprendentes animales que desaparecieron de la faz de la Tierra. Todos, los científicos y las personas comunes, jóvenes y adultos, disfrutan el misterio y la emoción de descubrir cómo eran estos animales y cómo se comportaban. Adentrarse en el estudio de los dinosaurios es como leer la mejor historia de detectives. Muchos de los misterios del pasado de la Tierra siguen enterrados, esperando que tú u otros exploradores científicos los descubran y armen con esas piezas el gran rompecabezas que constituyen los hallazgos fósiles.

La parte emocionante del estudio de los dinosaurios es que aún queda mucho por descubrir, y que estos descubrimientos no los realizarán necesariamente científicos profesionales. De hecho, han sido agricultores, e incluso niños, quienes han encontrado accidentalmente en el campo muchos de los principales fósiles de dinosaurios. Mary Anning era una niña inglesa que en los inicios del siglo XIX tenía como pasatiempo recoger fósiles a lo largo de la playa. Su fascinación por descubrir fósiles no menguó al alcanzar la edad adulta. Un día, mientras esperaba a su esposo, el doctor Mantell, afuera de la casa de un paciente, Mary encontró un diente grande. Más tarde, junto con su esposo encontraron que se parecía al diente de una iguana gigante. A la criatura de la cual provenía el diente le pusieron por nombre *Iguanodon*, palabra que significa "diente de iguana".

La división del tiempo geológico de la Tierra utilizada en este libro y otros más, se basa en información aceptada y compartida por científicos de todos los continentes. Es este principio de compartir el que ha permitido obtener una historia del pasado de la Tierra. Cada capítulo del tiempo geológico tiene su propia historia especial, y algunas de ellas solamente pueden ser "narradas" por los fósiles. La del reino de los dinosaurios es una de las historias más interesantes contadas por ellos.

La gente formula muchas preguntas acerca de los dinosaurios, para algunas de ellas los científicos proporcionan respuestas. En este libro encontrarás respuestas a preguntas enigmáticas como: ¿eran los dinosaurios buenos padres? ¿Qué tan rápido podían moverse? ¿Acostumbraban moverse en manadas? ¿Migraban? ¿De qué color eran? ¿Cuál fue la causa de su extinción?

Este libro es una introducción al estudio de los dinosaurios. Está pensado para enseñarte fenómenos, conceptos y estrategias dirigidas a resolver problemas. Los conceptos científicos presentados tienen aplicación en muchas situaciones similares. Los ejercicios, experimentos y demás actividades se seleccionaron por la posibilidad de explicar a través de ellos conceptos sencillos. Uno de los principales objetivos del libro es mostrar lo *divertido* que resulta aprender temas científicos.

Cómo usar este libro

Lee despacio cada capítulo y sigue los procedimientos en forma cuidadosa. Aprenderás mejor si lees los capítulos en orden porque la información tiene una secuencia desde la primera hasta la última sección. El orden general de cada capítulo es el siguiente:

- En el subtítulo de cada capítulo podrás identificar el propósito de éste.

- **Lo que necesitas saber:** incluye información básica, algunos conceptos y una explicación de los fenómenos que necesitas comprender.

- **Ejercicios:** preguntas que responder o situaciones que resolver utilizando la información acabada de aprender.

- **Actividad:** un proyecto que te permite aplicar lo que has aprendido a una situación real de solución de problemas.

■ **Solución a los ejercicios:** explicaciones paso a paso del proceso mental por seguir para resolver los ejercicios.

En este libro encontrarás también las siguientes secciones:

■ **Apéndice 1:** la primera vez que aparezca en el libro el nombre de un dinosaurio se resaltará en letras **negritas,** y en seguida entre paréntesis encontrarás su equivalente en español. En este apéndice se incluyen todos los nombres de los dinosaurios con una descripción breve de cada uno de ellos.

■ **Apéndice 2:** una lista de las palabras del latín y el griego (y su significado) utilizadas para darle nombre a los dinosaurios.

■ **Glosario:** la primera vez que aparezca un término en el libro, se destacará en letras **negritas** y se presentará su definición. El término y su definición también se incluyen en el Glosario, al final del libro. Asegúrate de consultar el glosario cada vez que te sea necesario, para que cada término se convierta en parte de tu vocabulario personal.

Instrucciones generales para los ejercicios

1. Lee cuidadosamente cada ejercicio. Si no estás seguro de las respuestas, vuelve a leer la sección "Lo que necesitas saber" a fin de encontrar claves que te ayuden a responder.

2. Verifica tus respuestas en la sección "Solución a los ejercicios" para evaluar tu trabajo.

3. Repite el ejercicio si alguna de tus respuestas es incorrecta.

Instrucciones generales para efectuar las actividades

1. Antes de comenzar, lee totalmente las instrucciones de cada actividad.

2. Reúne todos los materiales necesarios. Tendrás menos problemas y te divertirás más si preparas todos los materiales que requieres para la actividad antes de iniciarla. Si tienes que detenerte para buscar algún material, puedes perder la idea de lo que estás haciendo.

3. No te apresures durante la actividad. Sigue cada paso con mucho cuidado; nunca te saltes pasos y no agregues ninguno por iniciativa propia. Tu seguridad es lo más importante; si lees cada actividad antes de iniciarla y sigues exactamente las instrucciones, puedes confiar en que no se producirán resultados inesperados.

4. Observa. Si tus resultados no son iguales a los que se describen en la actividad, vuelve a leer con atención las instrucciones y comienza de nuevo desde el primer paso.

1
Tesoros enterrados

¿Qué son los fósiles y cómo se forman?

Lo que necesitas saber

Los **paleontólogos** son los científicos que estudian la vida prehistórica de la Tierra. Para hacerlo, buscan **fósiles** (huellas de los restos de plantas y animales prehistóricos enterrados en la corteza terrestre); la palabra *fósil* proviene de una palabra en latín que significa "cavar". El nivel al que los fósiles se encuentran embebidos en las capas o estratos de roca ayuda a determinar en qué periodo vivió el organismo. Por lo general, los estratos rocosos más profundos son más antiguos que los superiores, de modo que se considera que los fósiles encontrados en estos estratos más profundos son de un periodo más temprano del tiempo geológico. Los restos fósiles revelan los tipos de plantas y animales que ocuparon la Tierra durante ese periodo. Algunos de los fósiles más antiguos son de organismos unicelulares microscópicos y de bacterias. Estos fósiles proporcionan claves a los paleontólogos acerca de la edad de la Tierra, la cual se estima es de alrededor de 4500 millones de años.

Los restos conservados de organismos prehistóricos, como huesos o conchas, se conocen con el nombre de **restos orgánicos fósiles.** Las pisadas, senderos, galerías y otras pruebas indirectas de las formas de vida prehistóricas se llaman **vestigios fósiles.** Los fósiles se forman de distintas maneras. El agua junto con los minerales que contiene penetra en los huesos, y lentamente los convierte en piedra. Cuando esto le sucede a la madera, la piedra formada se llama madera petrificada. Algunos fósiles son los restos reales de plantas y animales conservados en **ámbar** (la resina o savia endurecida proveniente de ciertos árboles). Algunas veces, este líquido pegajoso goteaba sobre el suelo, cubriendo pequeños organismos como insectos o arañas; o los organismos caminaban sobre la resina, se pegaban y se hundían en ella. Cuando la resina se endurecía, se formaba una cubierta protectora de larga duración sobre los organismos. Otra forma de enterramiento poco usual ocurrió en las zanjas de alquitrán (brea) como las que existen en Rancho La Brea, cerca de Los Ángeles, en Estados Unidos. Los animales que intentaban atravesar las zanjas quedaban atrapados y sus restos se hundían en este material natural denso parecido al asfalto. Sus huesos se han conservado gracias al alquitrán.

No todos los fósiles son restos reales de los organismos vivos. Muchos fósiles son sólo copias. Hay tres métodos de formación de copias fósiles: impresiones, moldes y vaciados. Las **impresiones** son las marcas hechas por los organismos en barro suave y que se conservaron una vez que éste se solidificó. Las impresiones son indicios de la actividad de un animal, más bien que sus restos reales. Las pisadas endurecidas de los animales o las galerías de gusanos prehistóricos son ejemplos de impresiones fósiles.

Los **moldes** se forman cuando los organismos quedan enterrados, total o parcialmente, en lodo que se endurece hasta convertirse en roca. Al paso del tiempo, el agua del suelo disuelve los organismos y quedan cavidades con la forma de sus cuerpos. Tanto las impresiones como los moldes son imágenes ante el espejo de los organismos.

Si un molde se llena posteriormente con lodo o un material mineral, el contenido se endurece para formar un **vaciado** (una reproducción que tiene la misma forma exterior que el organismo). Un vaciado tiene la misma apariencia que el organismo, no es una impresión de éste. Los paleontólogos elaboran vaciados a partir de moldes fósiles llenando éstos con líquidos, como el yeso, que se endurecen.

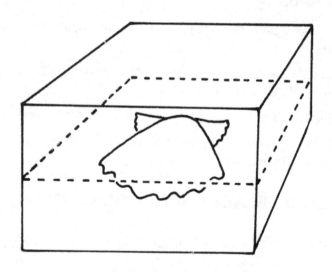

concha enterrada

moldes de conchas

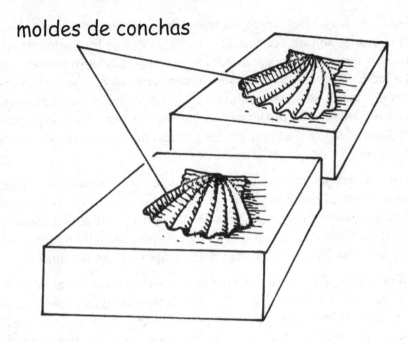

Ejercicios

Observa las figuras de la página 11 para responder las siguientes preguntas:

1. ¿Cuál de las dos figuras representa el primer paso para la formación de un vestigio fósil?

2. ¿Qué figura representa la formación de un vaciado?

3. ¿Qué figura es un ejemplo del primer procedimiento para la formación de una impresión fósil?

Actividad: ELABORACIÓN DE FÓSILES

Propósito Demostrar la formación de fósiles: un molde y un vaciado.

Materiales plastilina
plato desechable

A

B

140 millones de años más tarde

una concha de mar (puede comprarse en tiendas de
   artesanías)
vaselina
vaso desechable de 210 ml (7 onzas)
yeso blanco
agua de la llave
una cuchara sopera desechable

Procedimiento

1. Toma una porción de plastilina del doble del tamaño de la concha y amásala hasta que esté suave y manejable.

2. Coloca la plastilina sobre el plato desechable.

3. Cubre uno de los lados de la concha con vaselina.

4. Presiona el lado lubricado de la concha contra la plastilina.

5. Retira con mucho cuidado la concha de la plastilina.

6. Observa la huella dejada por la concha en la plastilina. Compara la huella en la plastilina con la forma y textura de la parte
   externa de la concha.

7. En el vaso desechable, mezcla cuatro cucharadas de yeso blanco con dos cucharadas de agua.

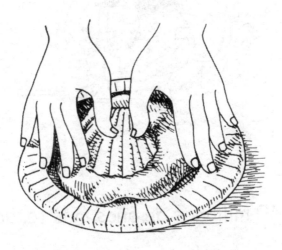

8. Vierte la mezcla de yeso en la huella de la concha formada en la plastilina. NOTA: *tira a la basura el vaso y la cuchara pues no debes lavar restos de yeso en el fregadero o lavabo, ya que se podría tapar la tubería.*

9. Deja secar el yeso (aproximadamente 20 minutos).

10. Retira suavemente la plastilina del yeso.

11. Compara la forma y la textura de la parte externa de la concha con la forma y la textura de la parte externa de la figura de yeso.

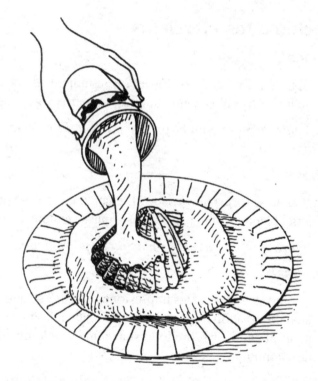

Resultados   La huella de la concha en la plastilina y la parte externa de la concha son iguales pero inversas. La parte externa de la concha y de la figura de yeso son idénticas.

¿Por qué?   La huella en la plastilina y la figura de yeso son ejemplos de la forma en que se forman los fósiles. La presión de la concha contra la plastilina representa el enterramiento de aquélla en el barro. En la naturaleza, el barro se habría endurecido hasta formar roca alrededor de la concha. Retirar la concha de la plastilina sirve para representar la forma en que el caracol se disuelve al paso de mucho tiempo, dejando un hueco o molde en la roca. El molde formado es una imagen inversa de la superficie externa de la concha. En la naturaleza este molde se habría llenado con **sedimento** (partículas pequeñas de roca y minerales depositadas por el agua, el viento o el hielo), que se habría endurecido para formar roca. El yeso blanco, al igual que el sedimento, se endureció, aunque en un periodo más corto. La figura de yeso es una copia de la concha que se conoce como vaciado.

Solución a los ejercicios

1. ¡Piensa!

- ¿Qué son los vestigios fósiles? Son indicios de la actividad de los seres vivos, como huellas, senderos y galerías.

La figura A representa el primer paso de la formación de un vestigio fósil.

2. ¡Piensa!

- ¿Cómo se forma un vaciado? Llenando un molde con un material blando, como barro o yeso, que se endurece al secarse.

La figura B representa la formación de un vaciado.

3. ¡Piensa!

- ¿Cómo se formaron las impresiones fósiles? Una manera era cuando los animales prehistóricos dejaban las huellas de sus patas al caminar sobre lodo suave que se endureció al paso del tiempo.

La figura A es un ejemplo del primer paso en la formación de una impresión fósil.

2
Vagabundos

**Distribución de los fósiles de
dinosaurios en la Tierra**

Lo que necesitas saber

La distribución de los diferentes tipos de animales en todo el mundo como resultado de sus movimientos naturales es el tema de estudio de una rama de la biología que se llama **zoogeografía**. La distribución zoogeográfica de los **dinosaurios**, reptiles extintos que vivieron hace aproximadamente 65-225 millones de años, indica que los continentes no siempre estuvieron separados como lo están hoy, sino que formaban una sola gran masa de tierra. Al principio, muchos **geólogos** (científicos que estudian la historia de la Tierra) no aceptaban la idea de la existencia de una sola masa continental.

En 1911, el científico alemán Alfred Wegener, fue el primero en proponer la teoría de la **deriva continental**. Esta teoría establece de manera sencilla que los continentes de la Tierra formaron alguna vez una sola masa continental que se fue fracturando y separando a lo largo de muchos millones de años hasta formar los continentes que hoy conocemos. Rocas y fósiles han aportado muchas pruebas que apoyan esta teoría. La forma actual de los continentes sugiere piezas enormes de un rompecabezas que si se juntaran ajustarían bien. Además, las orillas opuestas de muchos continentes tienen formaciones de roca similares.

Una prueba muy importante que apoya la teoría de la deriva continental es que en diferentes continentes se han encontrado los mismos fósiles de dinosaurios y de otras formas de vida. Dado que es imposible que los dinosaurios hayan podido nadar a través de los grandes océanos, muchos científicos creen que ésta es una prueba de que estos animales tuvieron alguna vez que haber estado juntos en una sola masa de tierra.

Esta enorme masa de tierra recibe el nombre de **Pangea**, que significa "tierra entera". La parte norte de este continente gigantesco recibe el nombre de Laurasia, y la parte sur el de Gondwana. En el mapa de la siguiente página podrás ver que previamente a la separación de los continentes, los dinosaurios pudieron haber paseado libremente de un área a otra.

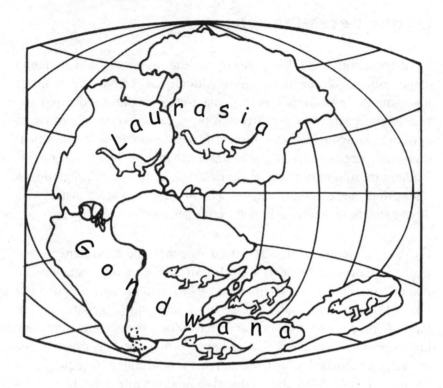

PANGEA

Ejercicios

Un hallazgo muy importante que sirve de apoyo a la teoría de la deriva continental de Wegener es el de un pequeño reptil con apariencia de hipopótamo cuya quijada tenía forma de pala, el cual recibió el nombre de **Lystrosaurus** (listrosaurio). Para responder las siguientes preguntas utiliza el mapa de la página siguiente, que muestra los cráneos de este antiguo reptil:

1. ¿En qué parte de Pangea vivió el *Lystrosaurus*?

2. ¿En cuántas regiones diferentes de Pangea se localizó el *Lystrosaurus*?

3. Nombra dos de los continentes (tal como los conocemos hoy) en los cuales se han encontrado fósiles de *Lystrosaurus*?

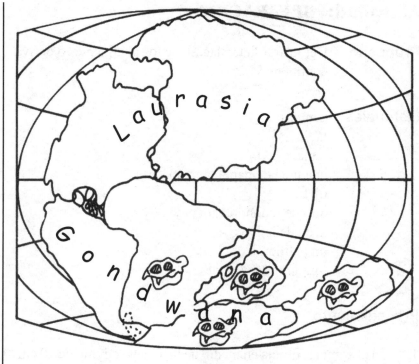

PANGEA

Leyenda

 = Lystrosaurus

Actividad: SEPARACIÓN

Propósito   Demostrar la traslación de los continentes o deriva continental

Materiales   compás
lápiz
regla
una hoja de papel tamaño carta
tijeras
 molde redondo para pay
agua de la llave
un palillo
limpiatrastes líquido

Procedimiento

1. Con el compás, dibuja en medio de la hoja un círculo de 10 cm (4 pulgadas) de diámetro.

2. Con el lápiz y la regla, traza dos líneas que se corten, de modo que el círculo quede dividido en cuatro partes iguales.

3. Dibuja el mismo dinosaurio en cada una de las cuatro secciones.

4. Recorta alrededor del círculo y por las líneas para obtener cuatro dibujos separados.

5. Coloca el molde para pay en la mesa y añade suficiente agua para cubrir el fondo del molde.

6. Coloca los cuatro dibujos tan cerca unos de otros como sea posible a fin de formar el círculo de papel sobre la superficie del agua.

7. Humedece uno de los extremos del palillo con limpiatrastes líquido.

8. Introduce el extremo húmedo del palillo en el agua en el centro del círculo de papel.

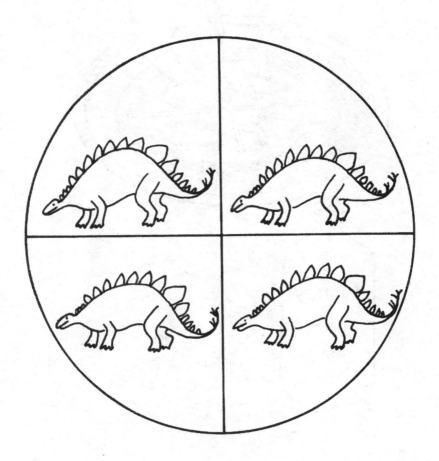

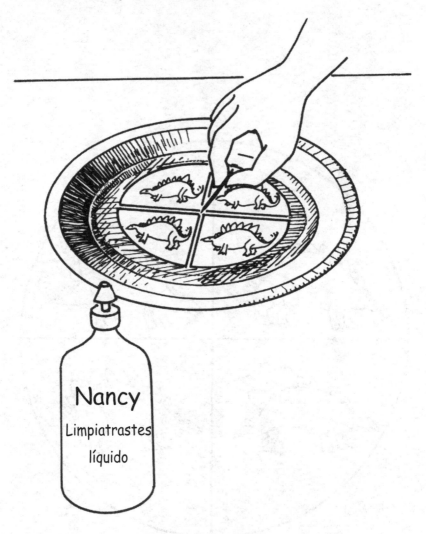

Resultados   Los trozos de papel se separan rápidamente en todas direcciones.

¿Por qué?   El círculo representa la masa continental única que se cree existió durante la era de los dinosaurios. Los dinosaurios se propagaron por las diferentes áreas de la masa de tierra original. Después, a lo largo de millones de años, la tierra se fragmentó para formar los continentes, y de esta manera los dinosaurios quedaron separados. La separación de los trozos de papel se puede comparar con una película cinematográfica que resume los millones de años que se necesitaron para que Pangea se separara.

NOTA: *los trozos de papel se mueven porque el líquido limpiatrastes rompe la tensión superficial del agua sobre la que descansa el papel. Para saber más acerca de la tensión superficial del agua, puedes consultar "Pimienta en movimiento", en la página 182 del libro* Física para niños y jóvenes, *de Janice VanCleave (México: Editorial Limusa).*

Solución a los ejercicios

1. ¡Piensa!

- ¿Qué nombre recibe la región de Pangea donde aparecen los símbolos para el *Lystrosaurus*?

El Lystrosaurus *vivió en Gondwana.*

2. ¡Piensa!

- ¿Cuántos símbolos de *Lystrosaurus* aparecen en el mapa?

El Lystrosaurus *se localiza en cuatro áreas.*

3. ¡Piensa!

- Compara el mapa de Pangea con un mapa del mundo actual.

- ¿Qué continentes de hoy tienen parecido con las áreas en las que se encontraron fósiles de *Lystrosaurus?*

Los fósiles de Lystrosaurus *se han encontrado en África, la Antártida, Asia (China e India) y Australia.*

3
Piezas de rompecabezas

**Cómo obtienen los paleontólogos
información acerca de los dinosaurios
a partir de los restos fósiles**

Lo que necesitas saber

A partir de huellas fosilizadas, los científicos pueden deducir muchas cosas acerca del tamaño, la velocidad, el peso y el comportamiento de los dinosaurios. Los dinosaurios más grandes tenían patas más largas y dejaban huellas más separadas una de otra. La profundidad de la pisada indica qué tan pesada era la criatura. Cuanto más profunda la huella, tanto más pesado el dinosaurio. Los **bípedos** (animales de dos patas) eran predominantemente carnívoros, y los **cuadrúpedos** (animales de cuatro patas), con algunas excepciones, comían plantas. Las huellas de los bípedos son reconocibles fácilmente por parecerse a las de las aves, puntiagudas y con tres dedos.

El número de huellas encontradas en un área permite conocer los movimientos de los dinosaurios. El **Tyrannosaurus rex** (tiranosaurio rex) pudo haber viajado solo o en pareja, mientras que los **saurópodos** formaban manadas y el **Maiasaura** establecía colonias de anidamiento a las que llegaban grupos grandes de animales a poner sus huevos y criar a sus hijos. El gran número de huellas bípedas encontradas de norte a sur a lo largo de la parte este de las Montañas Rocosas en Estados Unidos, permite suponer que algunos dinosaurios eran migratorios.

Los restos fósiles de una gran manada de Maiasaura fueron encontrados incrustados en una capa de ceniza volcánica. Los huesos variaban en tamaño, por lo que algunos científicos piensan que los miembros del rebaño eran de todas las edades, desde bebés hasta adultos. Lo anterior confirma además que estos dinosaurios, y posiblemente otros, viajaban en manada.

Los huesos de dinosaurio, al igual que los de los animales de hoy, tenían protuberancias en el sitio de la unión de músculos y huesos. Se ha encontrado tejido muscular fosilizado en los huesos, pero son los huesos los que principalmente proporcionan pistas para saber dónde se insertaban los músculos. Se supone que el esqueleto y los músculos de los dinosaurios funcionaban de manera similar a los de los animales que existen hoy. De esta manera, a partir del estudio de éstos, los paleontólogos deducen cómo eran los dinosaurios y cómo se movían en vida.

La mayoría de los hallazgos de dinosaurios incluyen solamente algunas piezas del esqueleto, a partir de las cuales los científicos tratan de armar el resto del animal, aunque ocasionalmente se encuentra un esqueleto casi completo. Los paleontólogos estudian los esqueletos reconstruidos de los dinosaurios para obtener pistas. El esqueleto de **Coelophysis** (celofisis) proporciona un ejemplo de cómo se desarrolla el trabajo de detectives con los dinosaurios. Los fósiles de *Coelophysis* presentan dientes agudos con bordes dentados, manos con dedos y garras afiladas, y un cuerpo delgado con huesos huecos ligeros. El *Coelophysis* caminaba sobre dos patas largas y delgadas y sus pies tenían garras fuertes y afiladas. Los científicos creen que utilizaba sus garras y dientes para matar y comerse a sus presas. Los huesos ligeros permiten suponer que probablemente era un corredor rápido que perseguía y mataba a su presa. El descubrimiento de huesos de familias enteras, desde animales muy jóvenes hasta adultos, indica que el *Coelophysis* daba algo de cuidado a sus crías.

A menudo las pistas con que cuentan los científicos no son suficientes para obtener una conclusión contundente. Los científicos continúan buscando respuestas para muchas de las preguntas desconcertantes acerca de los dinosaurios.

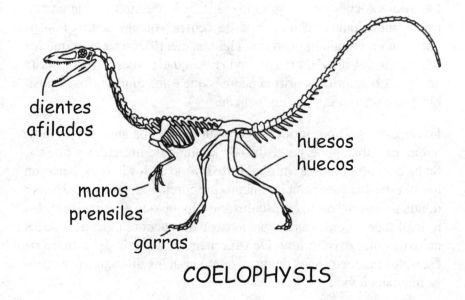

dientes
afilados

manos
prensiles

garras

huesos
huecos

COELOPHYSIS

Ejercicio

Los científicos han encontrado las huellas de las patas delanteras de un dinosaurio cuadrúpedo y solamente una esporádica huella de una de sus patas traseras. Estudia las dos figuras de un saurópodo imaginario y elige cuál de ellas representa la forma más lógica en que se pudieron haber formado las huellas.

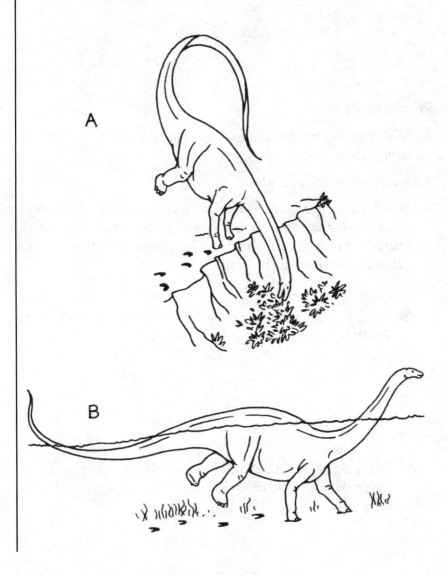

Actividad: ROMPECABEZAS DE DINOSAURIO

Propósito   Representar la dificultad para identificar y ensamblar huesos de dinosaurio.

Materiales   regla
plumín
cartulina blanca
tijeras
2 bolsas pequeñas de papel
reloj
ayudante

Procedimiento

1. Mide y traza sobre la cartulina dos cuadrados de 15 × 15 cm (6 × 6 pulgadas).

2. Recorta los dos cuadrados.

3. Sigue las instrucciones que se dan a continuación para dibujar piezas de rompecabezas en cada uno de los cuadrados. En las instrucciones se hace referencia a las líneas con letras, pero no debes escribir éstas en tu dibujo.

■ Línea A: traza una línea diagonal que divida el cuadrado en dos triángulos iguales.

■ Línea B: comenzando en la esquina inferior izquierda del cuadrado, traza una línea diagonal de 15 cm (6 pulgadas) de largo.

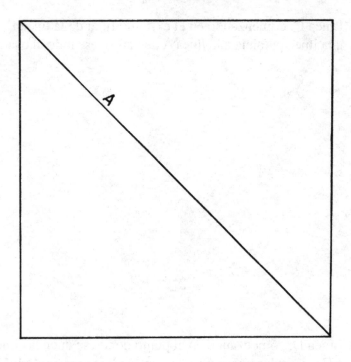

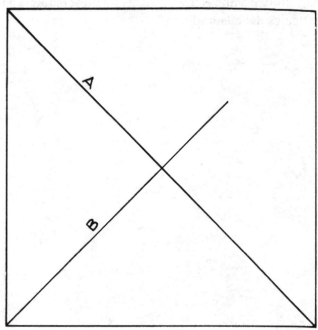

■ Línea C: comenzando en el extremo final de la línea B, traza una línea paralela a la línea A que atraviese todo el cuadrado.

■ Línea D: comenzando en el punto donde se unen las líneas B y C y entre las líneas A y C, traza una línea paralela a los lados verticales del cuadrado.

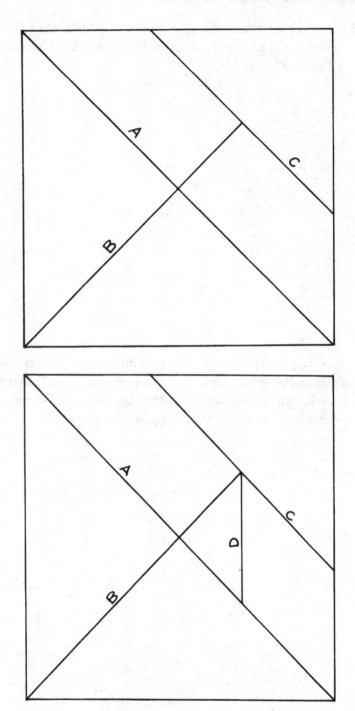

■ Línea E: comenzando en el punto donde la línea C toca la orilla del cuadrado y entre las líneas A y C, traza una línea paralela a la línea B.

4. En uno de los cuadrados, en la cara que no tiene líneas trazadas, dibuja un **Parasaurolophus** (parasaurolofo). Y en el otro cuadrado, en la cara que no tiene líneas trazadas, dibuja un *Tyrannosaurus rex*. Puedes copiar los dibujos que aquí se presentan.

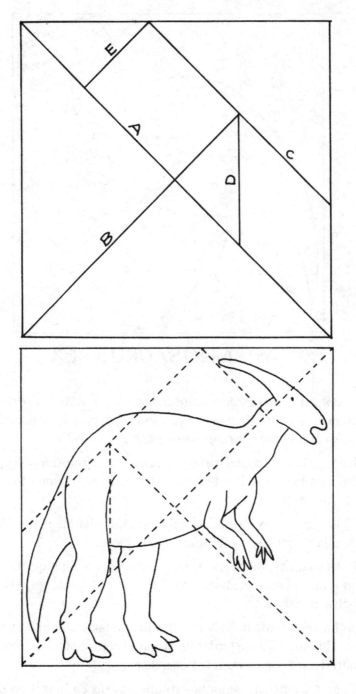

PARASAUROLOPHUS

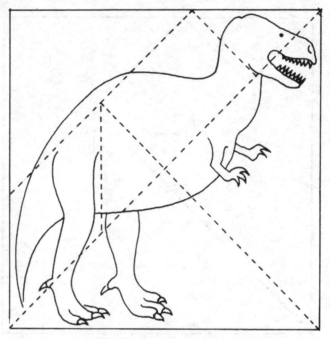

TYRANNOSAURUS REX

5. Recorta las piezas del rompecabezas de *Tyrannosaurus rex* y colócalas dentro de una de las bolsas de papel. Escribe sobre la bolsa el nombre "Tyrannosaurus rex".

6. Recorta las piezas del rompecabezas de *Parasaurolophus* y mételas en la otra bolsa de papel. Rotula la bolsa con el nombre "Parasaurolophus".

7. Elige una de las bolsas. Agítala para mezclar las piezas dentro de ella y después vacíalas sobre una mesa.

8. Pídele a un ayudante que mida y registre el tiempo que te tardes en armar el rompecabezas. Vuelve a introducir las piezas en la bolsa de papel.

9. Agita la segunda bolsa y pídele a tu ayudante que mida y registre el tiempo que te tardes en armar el rompecabezas. Vuelve a introducir las piezas en la bolsa de papel.

10. Coloca las piezas de ambos rompecabezas en la misma bolsa. Agítala muy bien para mezclar perfectamente las piezas.

11. Vacía todas las piezas sobre una mesa y, como antes, pídele a tu ayudante que mida y registre el tiempo que te tardes en armar ambos rompecabezas.

12. Suma los tiempos que tardaste en armar por separado ambos rompecabezas y compara el resultado de la suma con el tiempo que tardaste en armar los rompecabezas mezclados.

Resultados   Por lo general, se requiere más tiempo para armar los rompecabezas cuando las piezas de ambos están mezcladas que cuando están separadas.

¿Por qué?   Cuando se mezclan las piezas de ambos rompecabezas, primero tienen que identificarse y separarse las de cada uno de ellos antes de poder armarlos. Este problema ocurre cuando se encuentran huesos de diferentes dinosaurios en una misma área. Los científicos deben identificar primero los huesos y después separarlos antes de poder ensamblarlos.

Solución a los ejercicios

¡Piensa!

- ¿Es probable que los dinosaurios hayan podido pararse solamente sobre sus patas delanteras como si se pararan "de manos"? No, es del todo improbable que pudieran guardar el equilibrio sobre sus patas delanteras. Por lo tanto, la figura A no muestra una solución adecuada.

- ¿Pudo haber sido posible que el dinosaurio caminara en el agua únicamente con sus patas delanteras tocando el fondo? Sí, de hecho algunos científicos piensan que los saurópodos grandes caminaban sobre sus patas delanteras cuando atravesaban cuerpos de agua lo suficientemente profundos como para levantar sus partes traseras. Se cree que la huella aislada de una pata trasera entre las huellas de las patas delanteras pudo haberla hecho el animal al patear con una de sus patas traseras para cambiar de dirección.

La figura B representa la forma más lógica en la que se pudieron haber hecho las huellas.

4
El tiempo de los dinosaurios

¿Cuándo vivieron los dinosaurios sobre la Tierra?

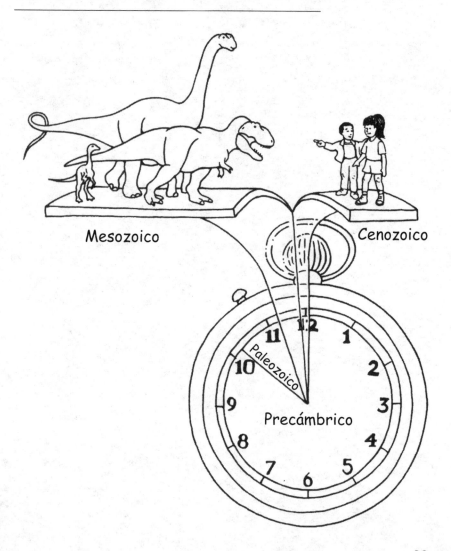

Mesozoico

Cenozoico

Paleozoico

Precámbrico

Lo que necesitas saber

La **escala del tiempo geológico** es la representación gráfica de la historia de la Tierra, dividida en unidades de tiempo con base en los cambios geológicos de la corteza terrestre y los cambios repentinos en las formas de vida, como la desaparición de los dinosaurios. Gracias a los fósiles y a los estratos rocosos, los científicos han dividido la historia de la Tierra en cuatro intervalos de tiempo llamados **eras**. Los cambios más sobresalientes en la corteza terrestre y sus formas de vida se utilizan para determinar las eras.

Las cuatro eras de la historia de la Tierra son: Precámbrico, Paleozoico, Mesozoico y Cenozoico. La primera era de la historia geológica de la Tierra, la **era Precámbrica**, abarca desde el inicio del tiempo (hace unos 4500 millones de años) hasta hace 600 millones de años. Pocos fósiles se han encontrado que proporcionen pistas acerca de este largo periodo. Por el contrario, un mayor número de fósiles encontrados indica que la vida cambió relativamente rápido desde hace 600 millones de años hasta el presente. Este periodo se divide en tres eras: vida antigua, vida intermedia y vida reciente. La **era Paleozoica**, "vida antigua", comenzó hace aproximadamente 600 millones de años y duró 375 millones de años más o menos. En la etapa temprana de esta era, la vida marina era abundante porque los mares cubrían grandes áreas de los continentes. Al final de la era, las masas de tierra continentales ya no estaban sumergidas, y aumentó el número de animales y plantas terrestres. La **era Mesozoica**, "vida intermedia", comenzó hace aproximadamente 225 millones de años y duró alrededor de 160 millones de años. Con frecuencia se le llama la era de los dinosaurios porque se cree que estos animales vivieron en dicha época. La **era Cenozoica**, "vida reciente", es la era geológica en la cual vivimos actualmente. Esta era comenzó hace aproximadamente 65 millones de años cuando los dinosaurios desaparecieron.

El inicio de cualquiera de las eras no es exacto, pero el inicio de la era Precámbrica señala la creación de la Tierra.

La mayoría de los científicos establece que la edad de la Tierra es de aproximadamente 4500 millones de años. Por lo tanto, la era Precámbrica comenz nace 4500 millones de años más o menos. El reloj que se muestra en la figura divide la historia del tiempo geológico de la Tierra en las cuatro eras, de tal manera que puedes comparar la amplitud de cada una de ellas. Si la historia de la Tierra durara tan sólo 12 horas, la era Mesozoica habría durado únicamente 25 minutos.

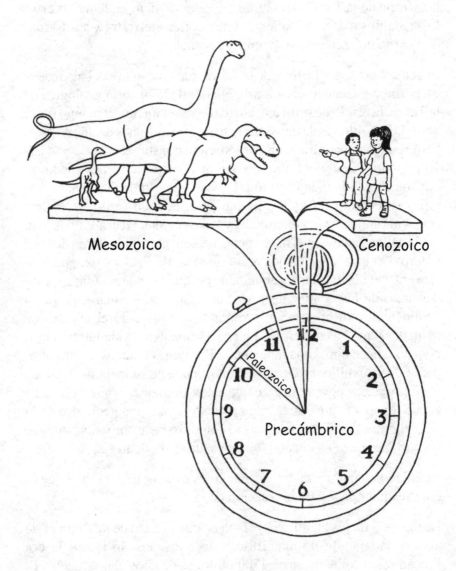

La era Mesozoica se divide en intervalos aún más cortos llamados **periodos.** Los tres periodos de esta era son: **Triásico, Jurásico** y **Cretácico.** Los restos fósiles indican que durante el periodo Triásico, el clima de la Tierra era seco y caluroso. En el registro fósil de este periodo se han encontrado algunos esqueletos de **Plateosaurus** (plateosaurio), lo que los hace uno de los dinosaurios más antiguos que se conocen.

A partir del estudio de los estratos rocosos y de los restos fósiles, los científicos creen que durante la primera parte del periodo Jurásico la superficie de la Tierra estaba cubierta de agua en su mayor parte. Existen muchos restos de reptiles marinos, que incluyen el **Ichthyosaurus** (ictiosaurio) y el **Plesiosaurus** (plesiosaurio), encontrados en los estratos rocosos del Jurásico. Muchos de los fósiles más grandes de dinosaurios, como el **Brachiosaurus** y el **"Supersaurus"** se han encontrado en estratos del Jurásico.

El último de los tres periodos de la era Mesozoica es el periodo Cretácico. Se cree que la flora era muy abundante en este periodo. La cantidad de especies de dinosaurios comenzó a declinar en la última parte de este periodo, y al final del mismo, todos los dinosaurios habían desaparecido. Los científicos aún tratan de descubrir el porqué. La mayoría de los fósiles de dinosaurios se han encontrado en los estratos de roca del Cretácico superior (superior e inferior se refieren a las partes final e inicial, respectivamente, del periodo que se trate). La tabla de la página siguiente muestra el orden de los periodos de la era Mesozoica y la duración de cada uno de ellos.

Edad de los dinosaurios

Era	Periodo	Tiempo (años atrás)
M e s o z o i c a	Cretácico	65 millones ↓ 135 millones
	Jurásico	↓ 195 millones
	Triásico	↓ 225 millones

Ejercicios

Utiliza la "Historia de los dinosaurios" en la que se muestran los dinosaurios representativos de cada periodo de la era Mesozoica para responder las siguientes preguntas:

1. ¿Cuál de los dinosaurios representados vivió durante el primer periodo?

2. ¿Cuál de los dinosaurios vivió aquí hace menos de 135 millones de años?

3. ¿Durante qué era y periodo vivió el **Stegosaurus** (estegosaurio)?

Historia de los dinosaurios

Era	Periodo	Edad (años atrás)	Tipo de dinosaurio
Mesozoica	Cretácico	65 millones Superior Inferior 135 millones	Triceratops Tyrannosaurus rex
	Jurásico	Superior Inferior 195 millones	Stegosaurus Brachiosaurus
	Triásico	Superior Inferior 225 millones	Plateosaurus

Actividad: LÍNEA DEL TIEMPO

Propósito Construir un modelo a escala de las eras geológicas de la Tierra.

Materiales cinta métrica
tijeras
rollo de papel para sumadora
cinta adhesiva (*masking tape*)
lápiz

Procedimiento

1. Mide y recorta una tira de 460 cm de papel para sumadora.

2. Extiende la tira de papel sobre un piso sin alfombra y fija cada extremo al suelo con *masking tape*.

3. Traza una línea atravesando la tira a 5 cm del extremo superior. Escribe la palabra "Presente" arriba de esta línea.

4. Traza una segunda línea a 6.5 cm de la primera. Escribe "65 millones" sobre esta segunda línea y el número "(65)" en forma vertical en el lado derecho de la tira.

5. Traza una tercera línea a 16 cm de la segunda línea. Escribe "225 millones" sobre esta línea y el número "(160)" en el lado derecho como en el paso anterior.

6. Traza una cuarta línea a 37.5 cm de la tercera línea. Escribe "600 millones" sobre esta cuarta línea y el número "(375)" en el lado derecho como lo has hecho antes.

7. Escribe la palabra "Comienzo" en el extremo inferior de la tira. Escribe "4500 millones" arriba de la palabra y el número "(3900)" al lado.

8. Siguiendo el diagrama, escribe los nombres de las eras donde corresponda: "Cenozoico", "Mesozoico", "Paleozoico" y "Precámbrico".

Presente	
Cenozoico 65 millones	(65)
Mesozoico 225 millones	(160)
Paleozoico 600 millones	(375)
Precámbrico 4500 millones Comienzo	(3900)

Resultados   Se construye una línea del tiempo para comparar la duración de las cuatro eras geológicas de la historia de la Tierra.

¿Por qué?   En la escala en papel se utiliza la longitud para comparar las diferencias de tiempo entre las cuatro eras geológicas de la Tierra. El largo o duración de las eras se puede comparar de un vistazo observando el tamaño de cada sección. Los números colocados a lo largo proporcionan una duración más precisa de cada era. La sección más corta y la más reciente es la era Cenozoica, la cual ha durado hasta ahora 65 millones de años. La era de los dinosaurios es la segunda en antigüedad y duró aproximadamente 160 millones de años. Las eras anteriores al Mesozoico van aumentando en duración, siendo el Precámbrico la sección más larga, la era que más ha durado y también la más antigua.

Solución a los ejercicios

1. ¡Piensa!

- Observa la antigüedad de cada periodo. ¿Cuál de ellos ocurrió hace más tiempo? El Triásico.

- ¿Qué dinosaurio vivió durante el periodo Triásico?

  El Plateosaurus *es el dinosaurio que vivió durante el periodo más antiguo.*

2. ¡Piensa!

- ¿Cuáles dinosaurios se muestran arriba de los 135 millones en la línea del tiempo?

  El **Triceratops** *y el* Tyrannosaurus rex *vivieron aquí hace menos de 135 millones de años.*

3. ¡Piensa!

- Encuentra al *Stegosaurus* en la tabla. Coloca tu dedo sobre el dibujo y muévelo hacia la izquierda hasta que quede en la columna correspondiente a "Periodo". ¿Qué nombre aparece en esta columna? Jurásico.

- Mueve tu dedo hasta la columna correspondiente a "Era". ¿Qué nombre aparece en esta columna? Mesozoica.

El Stegosaurus *vivió durante la era Mesozoica y en el periodo Jurásico.*

5

¿Hace cuánto tiempo?

**Determinación de la edad relativa
de los dinosaurios**

Lo que necesitas saber

A menudo son personas comunes, y no paleontólogos, quienes encuentran fósiles de dinosaurios. Coleccionistas de rocas, mineros y trabajadores de la construcción a veces desentierran fósiles mientras excavan. Antes del siglo XIX se le daba poca importancia a los fósiles. Hacia el año 1815, un ingeniero y científico inglés llamado William Smith, se dio cuenta de que ciertas variedades de fósiles se encontraban solamente en determinados estratos de roca. También observó que si un estrato de roca que contenía un tipo de fósil se encontraba encima de un estrato conteniendo otro tipo de fósil en la misma localidad, entonces los estratos con fósiles se encontrarían en el mismo orden dondequiera que se encontraran juntos. Esta observación y el conocimiento de que los estratos inferiores se formaron primero, proporcionaron a los científicos un medio para construir una historia geológica de la Tierra en la que los eventos pueden colocarse en el orden adecuado por edad.

joven

intermedio

antiguo

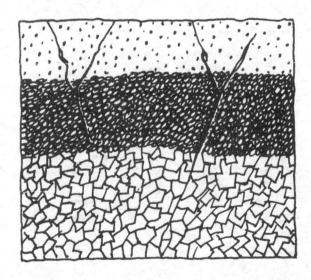

La **edad relativa** de un objeto o evento es su antigüedad en comparación con la de otro objeto o evento. Determinar la edad relativa sencillamente coloca las cosas en el orden en que ocurrieron. En un grupo de estratos rocosos, el estrato más bajo suele ser el más antiguo y el de más arriba el más reciente. Por lo general, cada estrato es más reciente que el de abajo y más antiguo que el de arriba, excepto cuando el terreno se ha movido por eventos naturales o provocados por el hombre.

La edad relativa de un estrato rocoso indica la edad relativa de los fósiles de dinosaurio encontrados en la roca. Al decir que el **Diplodocus** (diplodoco) es más antiguo que el *Triceratops* pero más reciente que el *Coelophysis*, se está hablando de la edad relativa del *Diplodocus*. La edad relativa del *Diplodocus* se determina por la ubicación de sus fósiles en relación con la de otros fósiles. Por ejemplo, los fósiles de *Diplodocus* se han encontrado en estratos de roca localizados a la manera de un emparedado entre estratos que contenían *Coelophysis* y *Triceratops*. Los fósiles de *Coelophysis*, que son los más viejos, se encontraron en los estratos inferiores, y los fósiles de *Triceratops*, que son los más recientes, se **excavaron** (desenterraron) de un estrato de más arriba.

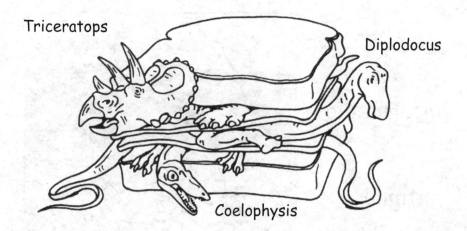

Triceratops

Diplodocus

Coelophysis

Ejercicios

La era Mesozoica se conoce como la era de los dinosaurios. Los científicos han dividido esta era en tres periodos, tal como se muestra en el dibujo. Utiliza el mismo y su leyenda para responder las siguientes preguntas:

1. ¿Cuál es más reciente, el *Coelophysis* o el *Tyrannosaurus rex?*

2. ¿Cuáles son los dos dinosaurios más recientes y aproximadamente de la misma edad relativa?

Leyenda	
Número	**Nombre**
1	*Triceratops*
2	*Tyrannosaurus rex*
3	*Stegosaurus*
4	*Coelophysis*

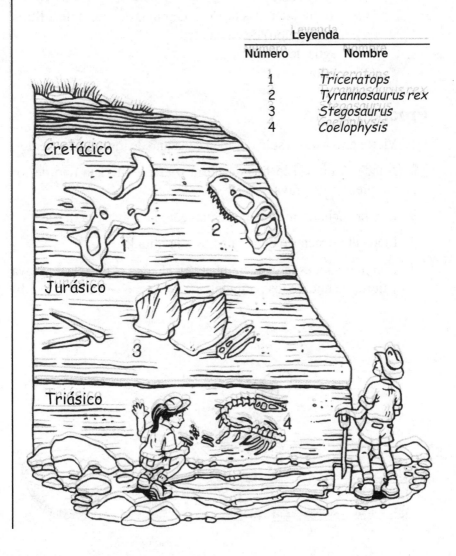

Actividad: FORMACIÓN DE ESTRATOS

Propósito Simular cómo los sedimentos que se depositan forman capas en el fondo de un lago.

Materiales ½ taza (125 ml) de grava para acuario de 3 colores diferentes
3 recipientes
1½ tazas (375 ml) de tierra o arena
una cuchara
un molde refractario rectangular de vidrio de 2 litros (½ galón) de capacidad
agua de la llave
reloj

Procedimiento

1. Vierte grava de un solo color en cada uno de los tres recipientes.

2. Añade ½ taza (125 ml) de tierra o arena en cada uno de los recipientes de grava.

3. Con la cuchara, mezcla perfectamente la grava y la tierra.

4. Llena el refractario con agua hasta la mitad.

5. Con tu mano, esparce lentamente en el agua la mezcla de grava y tierra de uno de los recipientes.

6. Espera 10 minutos y observa la apariencia de la capa formada por la mezcla.

7. Esparce en el agua la mezcla de grava y tierra de uno de los recipientes restantes.

8. Espera 10 minutos nuevamente y observa la apariencia de los materiales en el refractario.

9. Añade la última mezcla de grava y tierra.

10. Después de 10 minutos observa el contenido del refractario.

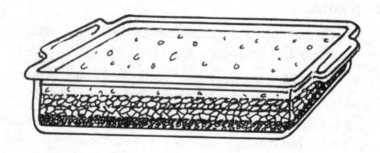

Resultados   Las tres diferentes mezclas de colores forman capas separadas en el refractario.

¿Por qué?   La grava y la tierra que constituyen el sedimento se depositan en el fondo para formar capas. Debido a que las mezclas de grava y tierra se añadieron a intervalos de 10 minutos, la capa inferior es relativamente más antigua y la capa superior es relativamente más reciente que las otras capas. Se cree que los estratos rocosos se forman de manera similar, y al igual que la mezcla de grava y tierra, cada estrato de roca se deposita encima del anterior. Ésta es la forma como los científicos determinan la edad relativa de cada estrato.

Solución a los ejercicios

1. ¡Piensa!

- ¿Cuáles son los números en la leyenda para el *Coelophysis* y el *Tyrannosaurus rex*? 4 y 2.

- Encuentra en el dibujo los dos números de la leyenda. ¿Cuál es el orden de los números de los estratos de roca? El 4 está abajo del 2.

- Si los fósiles de *Coelophysis* se encuentran debajo de los de *Tyrannosaurus rex*, ¿cuál de los dos es más antiguo?

El Coelophysis *es más antiguo o "viejo" que el* Tyrannosaurus rex.

2. ¡Piensa!

- ¿En qué estrato se encuentran los fósiles más recientes? El estrato del Cretácico.

- ¿Cuáles huesos fósiles, tal como están identificados en la leyenda, se encontraron en el estrato rocoso del Cretácico?

El Tyrannosaurus rex *y el* Triceratops *son los fósiles más recientes y aproximadamente tienen la misma edad relativa.*

6
Desintegración radiactiva

Determinación de la edad de los huesos de dinosaurios, así como de otros fósiles

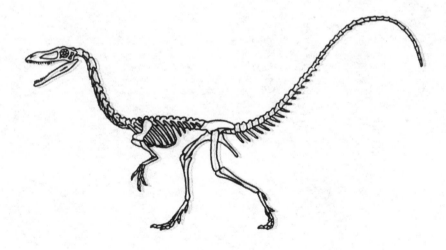

Lo que necesitas saber

La mayor parte de los huesos de dinosaurio quedaron enterrados en sedimentos. Al paso de miles o millones de años, los sedimentos y huesos se convirtieron en roca. Algunos de los huesos fosilizados contienen elementos especiales que son **radiactivos**, es decir, elementos cuyos núcleos han experimentado un cambio o desintegración. Este tipo de desintegración es diferente a la desintegración química de la materia, como la que sucede en el caso de la putrefacción de la carne. Cuando la carne se pudre o descompone, los átomos que se hallan combinados dentro de ella se separan y luego se recombinan en formas diferentes. En la **desintegración radiactiva**, un átomo emite **radiación** (una forma de energía) a partir de su **núcleo** (centro del átomo) y crea un átomo de otro elemento.

El potasio es un ejemplo de sustancia radiactiva. K-40 es el símbolo que sirve para identificar al potasio radiactivo. Cuando el K-40 se desintegra se convierte en argón 40 (Ar-40). La desintegración del K-40 es un proceso lento que ocurre a lo largo de muchos años. De hecho, toma aproximadamente 1300 millones de años para que la mitad de una **masa** (la cantidad de materia contenida en una sustancia) de K-40 se convierta en Ar-40. El tiempo que tarda la mitad de la masa de un material radiactivo en desintegrarse se llama **vida media**. El material continúa el proceso hasta que no queda nada por desintegrarse.

Por ejemplo, si una roca contiene 100 gramos de K-40, después de 1300 millones de años, la mitad de los 100 gramos de K-40 se habrán convertido en Ar-40. De este modo, la roca contendrá entonces 50 gramos de K-40 y 50 gramos de Ar-40. El potasio radiactivo continuará desintegrándose, y al final de un segundo periodo de 1300 años, la mitad de los 50 gramos restantes de K-40 se habrán convertido en Ar-40, quedando 25 gramos de K-40 y agregándose otros 25 gramos de Ar-40 a la roca. La roca contendrá entonces 25 gramos de K-40 y 75 gramos de Ar-40.

Este proceso continuaría hasta que ya no hubiera más átomos de K-40 por convertirse en átomos de Ar-40.

DESINTEGRACIÓN RADIACTIVA

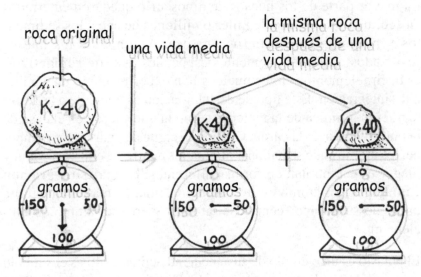

La edad de las rocas y los fósiles se puede determinar comparando la cantidad de su elemento radiactivo que no ha sufrido cambios con la cantidad de su producto de la desintegración. Por ejemplo, si se encuentran cantidades iguales de K-40 y de Ar-40, significa que la mitad del K-40 se ha desintegrado, por lo que la edad del material es igual a una vida media del K-40, o sea 1300 millones de años.

Ejercicios

1. Además del K-40, también se utilizan otros elementos radiactivos para determinar la edad de rocas y fósiles. Para responder las siguientes preguntas utiliza la tabla que se presenta en la siguiente página, en la cual encontrarás algunos elementos radiactivos utilizados en la determinación de la edad de rocas y fósiles, así como su vida media estimada:

   a. Si se determina que una roca contiene 25 gramos de rubidio 87 (Rb-87) y 25 gramos de estroncio 87 (Sr-87), ¿cuál será la edad de la roca?

b. ¿Cuántos años se requieren para que el carbono 14 concluya dos vidas medias?

ELEMENTOS RADIACTIVOS UTILIZADOS PARA DETERMINAR LA EDAD

Elemento	Producto de la desintegración	Vida media estimada (en años)
rubidio 87 (Rb-87)	estroncio 87 (Sr-87)	500 000 millones
torio 232 (Th-232)	plomo 08 (Pb-08)	14 100 millones
carbono 14 (C-14)	nitrógeno 14 (N-14)	5730

2. Para responder las siguientes preguntas, utiliza la gráfica de barras de la página siguiente, en la que se muestra la desintegración radiactiva de 100 gramos de uranio 238 (U-238):

a. ¿Cuál es la vida media del U-238?

b. Si una roca contiene 100 gramos de U-238, ¿cuántos gramos de U-238 quedarían en la roca después de 9000 millones de años?

DESINTEGRACIÓN RADIACTIVA DEL U-238

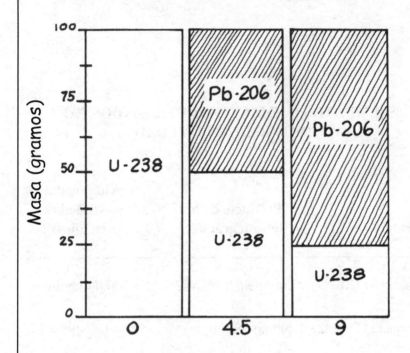

Leyenda

U-238 (uranio 238)
Pb-206 (plomo 206)

Actividad: ¿CUÁNTAS SON?

Propósito   Simular la desintegración radiactiva y el proceso mediante el que se determina la edad de un hueso fosilizado.

Materiales   toalla para manos
cinta adhesiva (*masking tape*)

plumín
un tazón
una lata pequeña, vacía, de café o chocolate en
  polvo, limpia y con tapa
100 monedas de baja denominación o fichas
  redondas pequeñas
cronómetro
lápiz y papel

Procedimiento

1. Extiende la toalla sobre una mesa.

2. Con la cinta adhesiva y el plumín, elabora una etiqueta que diga "Cambiado", que pegarás en el tazón, y otra que diga "Sin cambio", que pegarás en la lata.

3. Coloca todas las monedas en la lata.

4. Ajusta el cronómetro para que mida un minuto.

5. Al final del minuto, vacía las monedas sobre la toalla. (La toalla evitará que las monedas se caigan de la mesa.)

6. Transfiere la mitad de las monedas al tazón. En un papel, registra ésta como la primera división.

7. Regresa a la lata las monedas que quedaron en la toalla.

8. Nuevamente, pon el cronómetro para medir un minuto.

9. Continúa separando las monedas al terminar cada minuto, llevando el registro de cuántas divisiones vas haciendo. Detente cuando el número de monedas sea tan pequeño que ya no puedas dividirlas (cuando quede solamente una moneda en la lata). Registra ésta como la última división. NOTA: *cuando tengas que dividir números impares; por ejemplo: 25 monedas, regresa a la lata el número par más pequeño. En el caso de 25 monedas, regresa 12 a la lata.*

10. Cada división de las monedas representa una vida media de un elemento radiactivo. ¿Cuántas vidas medias quedaron representadas?

Resultados   Las monedas se dividieron siete veces. De este modo, quedan representadas siete vidas medias.

¿Por qué?   El tiempo que tarda la mitad de un elemento radiactivo en cambiar a otro elemento se llama vida media. La vida media en esta actividad fue de 1 minuto. Al final de 1 minuto, la mitad de las monedas se colocaban en el tazón (cambiado) para demostrar el cambio que ocurre en los elementos radiactivos. Después de transcurrido otro minuto, se colocó la mitad de las monedas restantes en el tazón, quedando sólo una cuarta parte de ellas (25 monedas) en la lata (sin cambio) y un total de 75 monedas en el tazón. Conforme transcurría el tiempo, aumentaba el número de monedas en el tazón y disminuía el número de ellas en la lata, tal como el cambio que les ocurrirá a todos los elementos radiactivos a la larga. En realidad, suelen transcurrir miles, millones e incluso miles de millones de años para que el cambio ocurra.

Solución a los ejercicios

1a. ¡Piensa!

- ¿Cómo es la masa del Rb-87 en comparación con la masa del Sr-87? Sus masas son iguales.

- Las masas iguales de un elemento radiactivo y el producto de su desintegración indican que ha transcurrido un periodo igual a una vida media.

- ¿De cuánto es la vida media del Rb-87?

La edad de la roca sería de 500 mil millones de años.

b. ¡Piensa!

- ¿Cuánto dura la vida media del C-14? 5730 años.

- ¿Cuánto sumarían dos vidas medias? 2 × 5730 años.

El C-14 tardaría 11 460 años para concluir dos vidas medias.

2a. ¡Piensa!

- ¿Qué periodo muestra cantidades iguales de U-238 y del producto de su desintegración, Plomo 206 (Pb-206)?

La vida media del U-238 es de 4500 millones de años.

b. ¡Piensa!

- Localiza la columna correspondiente a 9 mil millones de años y coloca tu dedo sobre la línea superior de la sección del U-238 de la columna.

- Mueve tu dedo hacia la izquierda hasta llegar a la escala de masa de la gráfica. ¿Qué lectura de masa señala tu dedo?

Quedarían 25 gramos de U-238 en la roca después de 9 mil millones de años.

7

¿Qué puedes encontrar en un nombre?

Aprende el significado de los nombres de los dinosaurios

Lo que necesitas saber

Los nombres de los dinosaurios se forman combinando palabras de origen griego o latino que describen alguna característica del animal, como la apariencia o el comportamiento que se cree tuvieron. Otras partes de los nombres pueden aludir al lugar en que se descubrió el dinosaurio o incluso al nombre del científico que hizo el descubrimiento. La palabra *dinosaurio* deriva de dos raíces: *dino*, que significa "terrible", y *saurio*, que significa "lagarto".

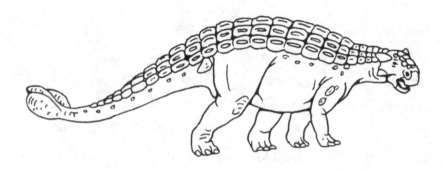

Algunos nombres son relativamente cortos, como **Ankylosaurus** (anquilosaurio), mientras que otros son verdaderos trabalenguas, como **Micropachycephalosaurus** (micropaquicefalosaurio). En la tabla que se presenta en la página siguiente encontrarás una lista breve de raíces griegas y latinas utilizadas para formar los nombres de algunos dinosaurios. (NOTA: *en el Apéndice 2 encontrarás una lista más completa.*) Para descubrir el significado del nombre de un dinosaurio, aplica el siguiente procedimiento:

Pasos para comprender el significado de los nombres de los dinosaurios

1. Escribe correctamente el nombre: "Ankylosaurus".

2. Encuentra la palabra *ankylo* y escribe su significado: "encorvado".

3. Encuentra la palabra *saurus* y escribe su significado: "lagarto".

4. Combina los significados de ambas raíces para descubrir el significado del nombre *Ankylosaurus:* "lagarto encorvado".

TABLA DE NOMBRES DE DINOSAURIOS

Nombre	Significado	Nombre	Significado
ankylo	encorvado	mega	grande
anuro	sin cola	micro	pequeño
bary	pesado	pachy	grueso
brachio	brazo	pod	pie
cephalo	cabeza	rex	rey
ceros	cuerno	saur, saurus	lagarto
compso	elegante	tri	tres
di	dos	tyranno	tirano
dino	terrible	veloci	veloz
masso	cuerpo pesado		

Ejercicios

Utiliza la tabla de nombres de dinosaurios para responder las siguientes preguntas:

1. ¿Cuál es el significado del complicadísimo nombre *Micropachycephalosaurus?*

2. ¿Qué tipo de dinosaurio describe el nombre ficticio de *Dicerosmegapodsaurus?*

3. Dibuja un dinosaurio imaginario cuyo nombre ficticio sea *Compsobarymassosaurus.*

Actividad: EL JUEGO DE LOS NOMBRES

Propósito Dibujar formas de dinosaurios imaginarios y darles un nombre que los describa.

Materiales 6 tarjetas blancas para ficha bibliográfica
lápiz

Procedimiento

1. Numera tres tarjetas para ficha bibliográfica y colócalas por el lado más largo una junto a la otra sobre una mesa.

2. Dibuja tu propio dinosaurio imaginario de tal manera que ocupes las tres tarjetas. Utiliza la figura de la página siguiente como guía para colocar la cola en la tarjeta 1, el cuerpo y las extremidades del animal en la tarjeta 2, y el cuello y la cabeza en la tarjeta 3.

3. Quita la tarjeta 3 en la que has dibujado el cuello y la cabeza del animal y remplázala con una tarjeta en blanco en la que habrás escrito el número 4.

4. En la tarjeta 4, dibuja un cuello y una cabeza diferentes continuando las líneas de la tarjeta 2.

5. Retira la tarjeta 2 y remplázala con la tarjeta 5.

6. Dibuja un cuerpo de forma diferente en la tarjeta 5 extendiendo las líneas dibujadas en las tarjetas izquierda y derecha.

7. Retira la tarjeta 1 y remplázala con una tarjeta en blanco (tarjeta 6).

8. Dibuja una cola de forma diferente extendiendo las líneas de la tarjeta 5.

9. Reacomoda las seis tarjetas para construir dinosaurios de formas diferentes.

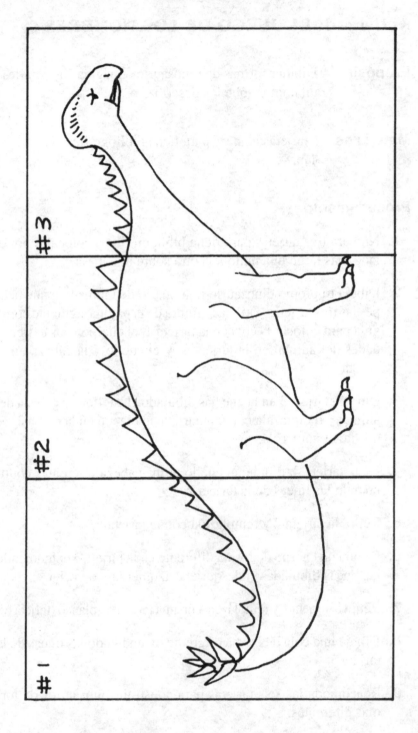

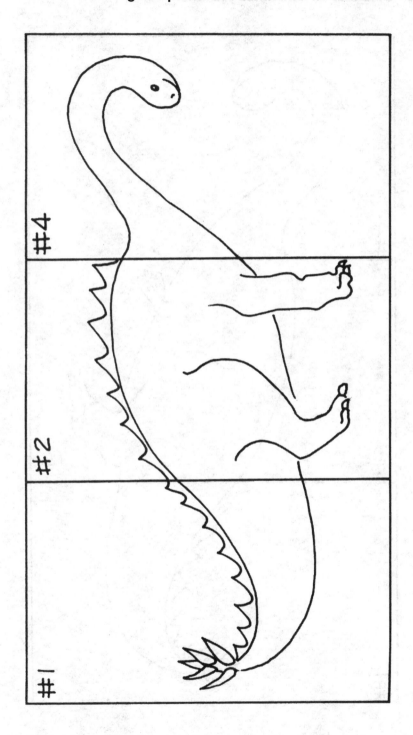

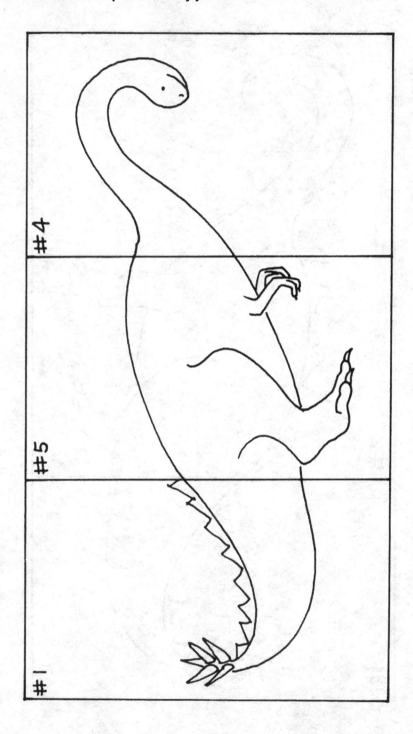

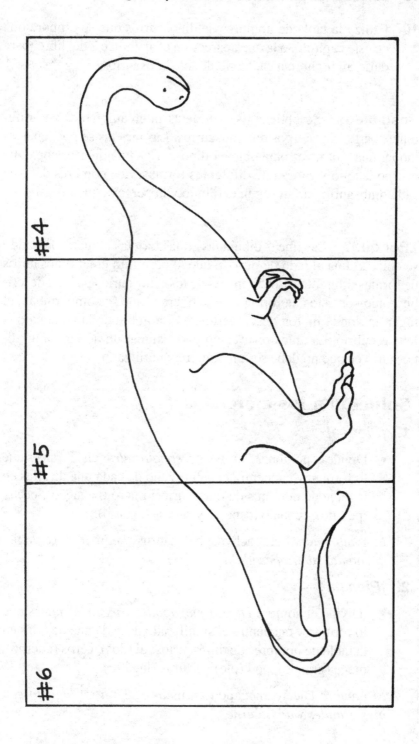

10. Utiliza la tabla de nombres de dinosaurios que se proporciona en este capítulo, o la que aparece en el apéndice 2 del libro, para darle un nombre a cada uno de los dinosaurios.

Resultados Se obtienen seis tarjetas intercambiables con diferentes partes de cuerpos de dinosaurios. Las tarjetas se pueden acomodar una y otra vez para obtener dinosaurios imaginarios con cola, cuerpo, cuello y cabeza de diferentes formas. Los nombres dados a cada dinosaurio varían según el dibujo y la persona que los asigna.

¿Por qué? Las líneas dibujadas en las tarjetas coinciden cuando se colocan una al lado de otra, lo que te permitirá crear dinosaurios de formas diferentes. Los nombres de los dinosaurios pueden describir cómo son éstos, la forma en que tú crees que se comportaban, el lugar en donde fueron descubiertos, o el nombre de la persona que los descubrió. La única restricción para asignar un nombre a un dinosaurio es que no debe ser un nombre ya utilizado.

Solución a los ejercicios

1. *¡Piensa!*

- Divide el nombre *Micropachycephalosaurus* en las raíces que lo forman y encuentra el significado de cada una de ellas en la tabla de nombres de dinosaurios; micro (pequeño), pachy (pesado), cephalo (cabeza) y saurus (lagarto).

El nombre del Micropachycephalosaurus *significa "lagarto pequeño de cabeza pesada".*

2. *¡Piensa!*

- Divide el nombre *Dicerosmegapodsaurus* en las raíces que lo forman y encuentra el significado de cada una de ellas en la tabla de nombres de dinosaurios: di (dos), ceros (cuerno), mega (grande), pod (pie) y saurus (lagarto).

El nombre Dicerosmegapodsaurus *describe a un lagarto con pies grandes y dos cuernos.*

3. ¡Piensa!

- ¿Cómo describirías al dinosaurio cuyo nombre fuera *Compsobarymassosaurus*? Las raíces que forman su nombre significan

compso	bary	masso	saurus
(bonito)	(pesado)	(cuerpo)	(lagarto)

El nombre Compsobarymassosaurus *describe a un lagarto bonito de cuerpo pesado.*

NOTA: *el dibujo de abajo muestra la idea de la autora acerca de cómo se vería este dinosaurio imaginario.*

COMPSOBARYMASSOSAURUS

8
De todos tamaños

Los diferentes tamaños de los dinosaurios

Lo que necesitas saber

La palabra *dinosaurio* evoca en el pensamiento animales increíble-
mente grandes, mucho más altos que edificios de varios pisos. De
hecho, algunos dinosaurios adultos eran más altos que un edificio de
cinco pisos, aunque otros eran tan sólo del tamaño de un pollo. El
largo de los dinosaurios adultos iba desde los 60 cm (2 pies) hasta los
30 metros (100 pies) aproximadamente.

Uno de los dinosaurios más pequeños que se conocen era el
Compsognathus. Este dinosaurio carnívoro no era más grande que
un pollo de los que hay ahora. Se cree que incluso cuando ya había
alcanzado su tamaño máximo, este pequeño dinosaurio pesaba ape-
nas lo mismo que un bebé humano recién nacido.

La mayoría de los dinosaurios eran mucho más grandes que el dimi-
nuto *Compsognathus,* pero el *Triceratops* y el *Tyrannosaurus rex*
pueden considerarse de tamaño promedio. El *Triceratops* medía 10
metros (30 pies) de largo, 3 metros (10 pies) de alto, y pesaba más de
5 toneladas métricas (6 toneladas inglesas) aproximadamente. El
Tyrannosaurus rex medía 15 metros (50 pies) de largo, 6 metros (20

Tyrannosaurus rex   Elefante africano

pies) de alto, y pesaba más o menos lo mismo que un elefante africano de los que hay ahora, más de 5 toneladas métricas (6 toneladas
inglesas).

En 1979, James Jensen descubrió un dinosaurio extraordinariamente
grande en Colorado, Estados Unidos, el cual recibió el nombre de
Ultrasaurus. Este espécimen es el dinosaurio más grande que se haya
desenterrado hasta la fecha. Se cree que este dinosaurio enorme parecido a *Brachiosaurus* era tan largo como tres autobuses escolares
juntos, tenía la altura de un edificio de seis pisos y pesaba más que
veinte elefantes juntos.

Ejercicio

Al final de cada camino encontrarás la descripción del dinosaurio
que corresponde. Sigue los senderos con tu dedo para hacer coinci-
dir el dibujo del dinosaurio con su descripción.

APATOSAURUS
(Apatosaurio)
Altura: 5 m (15 pies)
Largo: 20 m (70 pies)
Peso: 27 toneladas métricas
(30 toneladas inglesas)

KRITOSAURUS
(Critosaurio)
Altura: 5 m (15 pies)
Largo: 9 m (30 pies)
Peso: 2.7 toneladas métricas
(3 toneladas inglesas)

DRYOSAURUS
(Driosaurio)
Altura: 1.20 m (4 pies)
Largo: 3.5 m (12 pies)
Peso: 77 kg (170 libras)

Actividad: SOPORTES PARA EL CUERPO

Propósito Construir un *Cubeosaurus,* un dinosaurio imaginario, y someter a prueba la capacidad de soporte de dos tipos diferentes de patas y una cola.

Materiales 1 hoja blanca de papel tamaño carta
lápiz
tijeras
cinta adhesiva transparente
plastilina

Procedimiento

1. Coloca la hoja blanca sobre el dibujo de *Cubeosaurus.*

2. Calca con cuidado el diseño con todos sus detalles.

3. Recorta cada pieza por el contorno.

4. Dobla el cuerpo del *Cubeosaurus* siguiendo las líneas marcadas con la palabra "doblar". NOTA: *deberás hacer todos los dobleces de cada pieza en la misma dirección.*

5. Con cinta adhesiva transparente, pega las pestañas para armar el cubo del cuerpo.

6. Dobla las patas rectas por las líneas marcadas con la palabra "doblar". Con cinta adhesiva, pega la parte superior de las patas a la parte de abajo del cuerpo.

7. Dobla los brazos siguiendo las líneas marcadas con la palabra "doblar" y pégalas con cinta adhesiva a los lados del cuerpo.

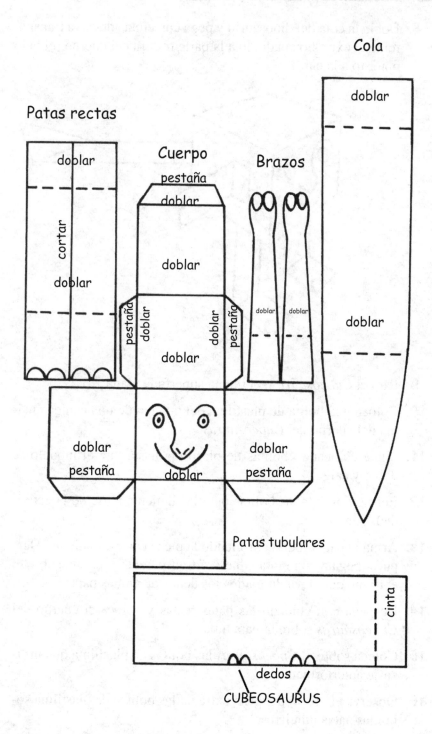

Cola

doblar

Patas rectas

doblar

cortar

doblar

Cuerpo

pestaña

doblar

doblar

pestaña

doblar

doblar

pestaña

doblar

doblar

Brazos

doblar

doblar

doblar

doblar

doblar

pestaña

doblar

doblar

pestaña

Patas tubulares

cinta

dedos

CUBEOSAURUS

8. Dobla la cola del dinosaurio y pega con cinta adhesiva transparente el extremo cuadrado a la parte trasera del cuerpo (el lado opuesto a la cara).

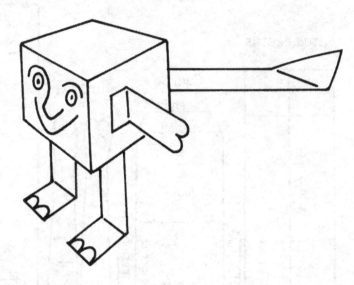

9. Para el *Cubeosaurus* sobre una superficie plana.

10. Coloca una bolita de plastilina del tamaño de una canica encima del cuerpo del *Cubeosaurus*.

11. Sigue colocando bolitas de plastilina hasta que el modelo se doble y caiga.

12. Retira y guarda las bolitas para la siguiente parte de la actividad.

13. Arma la pata tubular enrollando la pieza correspondiente. Después, pégala con cinta adhesiva transparente y párala sobre el extremo que lleva dibujados los dedos de ambas patas.

14. Despega con cuidado las patas rectas y coloca el cuerpo del *Cubeosaurus* sobre la pata tubular.

15. Coloca sobre el *Cubeosaurus* las bolitas de plastilina que utilizaste anteriormente.

16. Observa el efecto del peso extra de las bolitas de plastilina sobre las patas tubulares.

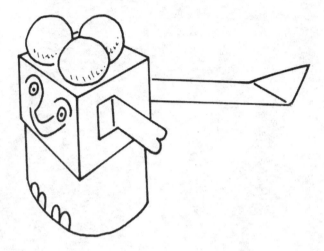

Resultados   Elaboraste un modelo tridimensional de papel de un dinosaurio imaginario. Al añadirle peso al modelo, hiciste que las patas rectas y la cola se doblaran y colapsaran. La cola y la pieza que simula un par de patas tubulares son capaces de soportar el peso añadido.

¿Por qué?   Con ayuda de la cola, las patas delgadas y rectas pudieron soportar el peso del modelo de papel, pero al añadirle peso extra, las patas y la cola se doblaron por la presión. El cilindro que simula las patas tubulares representa huesos de las patas más fuertes, como los de los elefantes, que permiten soportar más peso del dinosaurio. Esto explica por qué los dinosaurios más grandes tenían patas fuertes y gruesas.

Solución al ejercicio

¡Piensa!

- ¿Adónde conducen cada uno de los caminos de los dinosaurios?

Dinosaurio A: Apatosaurus.

Dinosaurio B: Kritosaurus.

Dinosaurio C: Dryosaurus.

9
Elaboración de un modelo

Cómo determinan los científicos el peso de los dinosaurios

Lo que necesitas saber

El tamaño de los fósiles de dinosaurio ha llevado a los científicos a creer que el peso de estos animales era muchas veces mayor que el de los animales más grandes que existen hoy sobre la Tierra. Edwin H. Colbert, un paleontólogo estadounidense, inventó un método para determinar el peso de los dinosaurios. Para llevar a cabo el procedimiento de Colbert, se requiere elaborar un modelo a escala del dinosaurio. El científico debe decidir la escala que usará; por ejemplo, 1:20 significa que el dinosaurio original era 20 veces más grande que el modelo a escala. Las marcas dejadas por los músculos sobre los huesos se utilizan como guías para determinar la cantidad de músculo y otro tejido que probablemente tenía el dinosaurio.

El volumen de un modelo a escala de plastilina se puede determinar colocando el modelo en un recipiente y después llenando éste con arena seca. El modelo de dinosaurio se saca del recipiente y se reemplaza con arena adicional hasta que el recipiente quede lleno. La cantidad de litros (cuartos de galón) de arena adicional será igual al volumen del modelo de dinosaurio. El volumen del dinosaurio real se calcula multiplicando el volumen del modelo por la escala utilizada.

Después, los científicos relacionan el volumen del dinosaurio con su peso. El volumen y el peso de un caimán de los que ahora hay se utilizan para relacionar volumen y peso debido a que los científicos suponen que la composición del cuerpo de los dinosaurios y el caimán es similar. Se estima que esta comparación es de aproximadamente 0.9 kg de peso por 1 litro de volumen (2 libras por un cuarto de galón).

Por medio de este método, los científicos han determinado que el peso del *Brachiosaurus* era de 70 a 90 toneladas métricas (80-100 toneladas inglesas), lo que es varias veces el peso de *Diplodocus*, el cual era de 11 toneladas métricas (12 toneladas inglesas). El peso del *Diplodocus* fue inesperadamente bajo, dado que el cuerpo de ambos dinosaurios tenía más o menos la misma longitud. La diferencia de peso se debe a que la longitud del *Diplodocus* se debía principalmente a su cola. En tanto que la mayor parte de la longitud del *Brachiosaurus* estaba constituida por el cuerpo y las patas, por lo que en conjunto su cuerpo pesaba más.

DIPLODOCUS

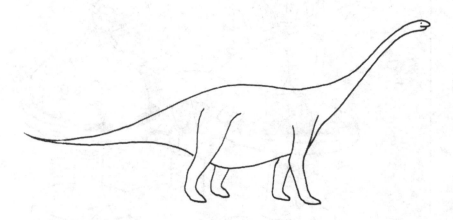

BRACHIOSAURUS

Ejercicio

En comparación con la mayoría de los dinosaurios, el *Stegosaurus* no era tan grande. Suponiendo que se utilizó el método de Colbert para determinar el peso de este dinosaurio de tamaño moderado, y con los datos que se dan a continuación, calcula el peso del *Stegosaurus*.

DATOS

a. Se utilizó una escala de 1:20 para elaborar el modelo del dinosaurio.

b. Se necesitaron cien litros (cien cuartos de galón) de arena de reemplazo para llenar el espacio dejado al sacar el modelo del dinosaurio.

Stegosaurus

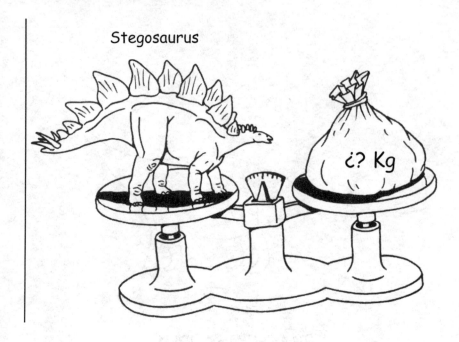

¿? Kg

Actividad: MODELO REDUCIDO

Propósito   Elaborar un modelo de *Compsognathus* a una escala
de 1:8 y determinar su peso.

Materiales   un tazón grande para mezclar
2 tazas (500 ml) de sal de mesa
1 taza (250 ml) de harina
3/4 de taza (200 ml) de agua de la llave
una cuchara
un gotero
3 gotas de aceite vegetal
una taza medidora (250 ml)
una cubeta de plástico de 4 litros (1 galón) de
capacidad
arena

Procedimiento

1. Elabora un lote de masa para modelar siguiendo estos pasos:

   ■ En el tazón, mezcla la sal y la harina.

   ■ Añade lentamente el agua al tiempo que vas agitando la mezcla con la cuchara.

   ■ Con el gotero, añade las tres gotas de aceite.

   ■ Agita muy bien.

2. Utiliza dos tazas (500 ml) de masa y la figura para elaborar un modelo de *Compsognathus*. Asegúrate de que tu modelo quepa en la cubeta.

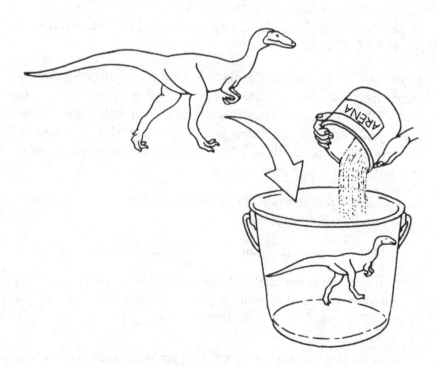

MODELO DE COMPSOGNATHUS

3. Deja secar el modelo. Esto puede tardar dos o más días, dependiendo de la dureza del modelo y de la humedad.

4. Mete de pie el modelo en la cubeta.

5. Llena la cubeta con arena.

6. Con suavidad, retira el modelo de la cubeta y quítale cualquier rastro de arena que se le haya adherido.

7. Utiliza la taza medidora para medir la arena que vas añadiendo a la cubeta. Apunta la cantidad de arena necesaria para volver a llenar la cubeta, que será el volumen de la arena de reemplazo.

8. Determina el peso del *Compsognathus* real utilizando el volumen de arena de reemplazo, la escala del modelo (1:8) y la escala de peso de 0.9 kg por litro (2 libras por cuarto de galón).

Resultados   El volumen de arena de reemplazo necesario para llenar la cubeta después de sacar de ésta el modelo, es igual a la cantidad de masa utilizada, la cual fue de 2 tazas (500 ml) o 1 litro (1/4 de galón). Según el cálculo, el peso aproximado del dinosaurio real era de 3.5 kg (8 libras).

¿Por qué?   El modelo desplazó 1/2 litro (1/2 cuarto de galón) de arena. Esta cantidad de arena es igual al volumen del modelo. La escala 1:8 utilizada en la construcción del modelo indica que el dinosaurio real era ocho veces más grande que el modelo. El peso del *Compsognathus* real, del que la figura de masa es un modelo, se calcula utilizando el siguiente procedimiento:

1. Calcula el volumen del dinosaurio real multiplicando el volumen del modelo por la escala:

   1/2 litro (1/2 cuarto de galón) $\times$ 8 = 4 litros (4 cuartos de galón)

2. Multiplica el volumen del dinosaurio real por la comparación de volumen y peso determinada para los dinosaurios (0.9 kg por litro, 2 libras por cuarto de galón):

   4 litros (4 cuartos de galón) $\times$ 0.9 kg por litro (2 libras por cuarto de galón) = 3.6 kg (8 libras)

Al pesar aproximadamente 3.6 kg (8 libras), el *Compsognathus* fue uno de los dinosaurios más pequeños. Más o menos, este animal era del tamaño de un pollo grande de los que existen hoy.

Solución al ejercicio

¡Piensa!

- ¿Cuántos litros (cuartos de galón) de arena de reemplazo se necesitaron? 100 litros (100 cuartos de galón).

- ¿Cuánta arena de reemplazo se habría necesitado si el volumen del dinosaurio real hubiera sido llenado con arena? Dado que el dinosaurio real es 20 veces más grande que el modelo, el volumen del dinosaurio habría sido de 100 litros (100 cuartos de galón) × 20, lo que da por resultado 2000 litros (2000 cuartos de galón).

- ¿Cómo se hace la comparación entre peso y volumen de los dinosaurios? Por cada litro (¼ de galón) de volumen, el dinosaurio pesaba 0.9 kg (2 libras). De este modo, el peso de un *Stegosaurus* real es igual al volumen por 0.9 kg (2 libras): 2000 litros (2000 cuartos de galón) × 0.9 kg por litro (¼ de galón).

El Stegosaurus *pesaba 1800 kg (4000 libras).*

10
Envolturas

**Teorías acerca del tipo y el color
de la piel de los dinosaurios**

Lo que necesitas saber

Existen muchas teorías acerca de los tipos de piel que probablemente tenían los dinosaurios. Algunas veces, las impresiones fósiles proporcionan pistas para conocer la textura de la piel de algunos dinosaurios, como el **Anatosaurus.** Los científicos conocen mejor a este dinosaurio con pico de pato que a otros gracias a que se han encontrado muchos esqueletos e impresiones de su piel. Su piel tenía una textura áspera y granular. Estas protuberancias se parecían a las que tiene en la piel el monstruo de Gila actual, lagarto corpulento y venenoso, que mide entre 45 y 60 cm (1.5 y 2 pies) en su edad adulta y vive en áreas desérticas del suroeste de Estados Unidos y norte de México. Las impresiones fósiles de la piel de otros dinosaurios indican tipos diferentes de texturas, como son escamas granulares parecidas a las que tienen los lagartos de los que ahora existen, o gruesas placas óseas incrustadas en la piel que brindan protección.

Existen muchas teorías, aunque no pruebas, de que los dinosaurios tenían pieles pigmentadas. Es posible que, al igual que los animales de hoy, los dinosaurios utilizaran el color para llamar la atención durante el cortejo, como un medio para ahuyentar a los posibles atacantes, o como **camuflaje** (pasar desapercibido gracias a la similitud entre los colores y la forma del cuerpo del animal y su entorno). Debido a que no es común encontrar pigmentos de color en los fósiles, los científicos siempre han pensado que los dinosaurios eran de colores apagados y sin brillo, posiblemente grises como los elefantes y los rinocerontes, o de color verde o café pálidos como los cocodrilos y los caimanes. Sin embargo, recientemente se encontró una concha fosilizada de tortuga de color rojo, lo que le dio a los científicos esperanzas de encontrar una piel de dinosaurio bien conservada y de color.

Ejercicios

Indica cuál de los tres **hábitats** (el lugar donde un animal o planta viven o crecen de manera natural) de las páginas 105-106 le corresponde a cada uno de los dinosaurios que aparecen en seguida, según la información proporcionada.

1. Los bebés de muchos animales de hoy nacen con manchas o rayas. Si el bebé permanece quieto en el suelo, sus manchas o rayas le sirven como camuflaje. Los dinosaurios bebés también pudieron haberse protegido con este tipo de camuflaje. Elige el hábitat que ofrezca mayor protección para el dinosaurio bebé.

2. Muchos animales terrestres tienen hoy el lomo de color oscuro y la panza de color claro. Desde lejos y en espacios abiertos y brillantes, este tipo de sombreado hace difícil que sus enemigos los puedan ver. Elige el hábitat en el que haya sido menos probable ver al *Brachiosaurus* desde lejos.

Hábitat A

Hábitat B

Hábitat C

Actividad: ESCONDIDILLAS

Propósito   Demostrar cómo funciona el camuflaje con colores
y diseños.

Materiales   1 hoja de papel copia
lápiz
tijeras
8 hojas de cartulina tamaño carta: 2 verdes, 1
amarilla, 1 anaranjada, 1 blanca, 1 negra, 1
roja y 1 café
pegamento

Procedimiento

1. Coloca el papel para copia sobre los dibujos del tronco y la hoja de árbol.

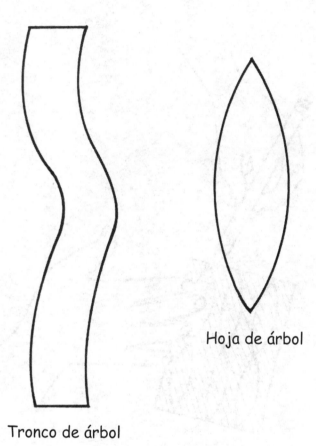

Hoja de árbol

Tronco de árbol

2. Copia y recorta ambas piezas.

3. Aparta las dos hojas de cartulina verde y dobla en cuatro las hojas de los demás colores.

4. Coloca el diseño de la hoja de árbol cerca de la orilla de una de las hojas de cartulina doblada.

5. Con el lápiz, traza alrededor del contorno de la pieza. Deberás trazar seis hojas en cada una de las cartulinas amarilla, anaranjada, blanca, negra y roja.

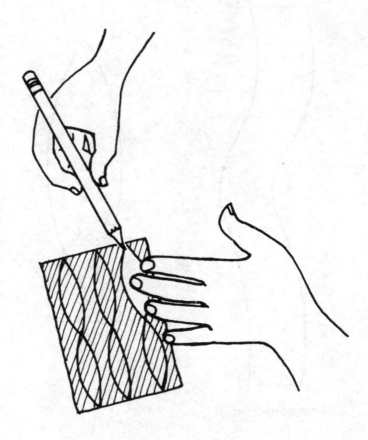

6. Recorta cada hoja, asegurándote de cortar las cuatro capas de cartulina de cada uno de los cinco colores. En total, deberás tener 24 hojas de cada color.

7. Coloca el diseño del tronco de árbol sobre la hoja doblada de cartulina café.

8. Copia tres veces el diseño del tronco de árbol y recorta cada uno de ellos, asegurándote de recortar las cuatro capas de cartulina. Deberás obtener 12 troncos de árbol de color café.

9. Con el pegamento, pega seis de los troncos en cada hoja de cartulina verde, tal como se muestra en la figura.

papel verde

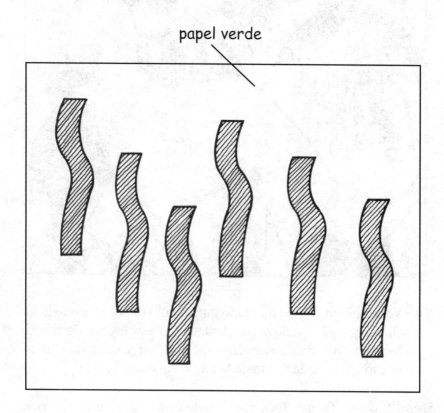

10. Pega un número igual de hojas de árbol de cada color en los troncos de ambas hojas de cartulina verde. Corta algunas hojas de árbol a la mitad y pégalas a lo largo del borde inferior del papel para formar pasto de colores.

11. Voltea *uno* de los dos cuadros así elaborados y dibuja un dinosaurio en la parte de atrás.

12. Recorta el dinosaurio.

13. Coloca el dinosaurio, con el lado verde hacia arriba, sobre el cuadro de árboles que dejaste sin recortar. Observa qué tan bien puedes ver el dinosaurio.

14. Voltea el dinosaurio de modo que el lado multicolor quede hacia arriba, y colócalo sobre el cuadro de árboles que dejaste sin recortar. Observa nuevamente qué tan bien puedes ver el dinosaurio (observa la figura de la página que sigue).

Resultados   Es más fácil ver el dinosaurio verde que el dinosaurio multicolor.

¿Por qué?   El dinosaurio multicolor se confunde con los colores del fondo. El amarillo del dinosaurio se mezcla con las hojas amarillas del árbol, y tus ojos no son lo bastante sensibles para decir cuál es cuál. Lo mismo sucede con cada uno de los colores. Un animal cuya coloración es similar a la de su entorno está oculto a los ojos de sus depredadores. El ojo acechante del animal depredador no es capaz de distinguir entre los colores lo suficiente para ver su alimento entre las hojas.

Solución a los ejercicios

1. *¡Piensa!*

* ¿Qué hábitat tiene el color o diseño más parecido al del cuerpo del dinosaurio bebé?

El hábitat B es el que le ofrece mayor protección al bebé dinosaurio.

2. *¡Piensa!*

* ¿Dónde podría esconderse un dinosaurio tan alto como un edificio de cuatro pisos? Es difícil imaginar que un animal de este tamaño no sea visible, pero en un espacio abierto resulta más difícil verlo desde lejos.

* ¿Qué hábitat parece ser el más abierto?

En el hábitat C resulta menos probable que Brachiosaurus *resalte.*

11
Superposición de imágenes

A partir del estudio de fósiles, aprende cómo era la visión de los dinosaurios

Lo que necesitas saber

El tamaño de la cuenca de los ojos en el cráneo de un dinosaurio permite a los científicos saber qué tan grandes eran los ojos del animal y así obtener pistas de la calidad de su visión. Por lo general, cuanto más grandes los ojos, tanto mejor la visión. Los cráneos fosilizados de *Anatosaurus* tienen cuencas grandes y marcas que indican que el animal tenía nervios ópticos bien desarrollados. Estas pistas fósiles indican a los científicos que el *Anatosaurus* tenía un sentido de la vista agudo. Tanto los dinosaurios herbívoros como los carnívoros necesitaban tener una buena visión para encontrar comida y protegerse de sus depredadores.

La posición de los ojos ofrece otra pista importante acerca de la visión de los dinosaurios. Los ojos ubicados en el frente del cráneo, a diferencia de los ojos ubicados a los lados, permitían al animal enfocar un objeto con ambos ojos y percibirlo como una sola imagen tridimensional. El espacio entre los ojos también afecta la capacidad del animal para calcular las distancias. Los dinosaurios que tenían los ojos mirando hacia adelante, como el **Troödon** (troodonte), pudieron haber tenido una visión muy parecida a la tuya, que es mejor para calcular distancias que la visión que proporcionan los ojos a los lados de la cabeza. Con ojos mirando hacia adelante, el dinosaurio

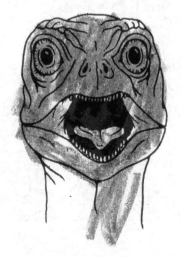

TROÖDON

veía los objetos desde dos ángulos diferentes. Las dos imágenes se proyectaban en la **retina** (membrana posterior del globo ocular que recibe las imágenes y las envía al cerebro a través del nervio óptico), en donde se superponían. Las imágenes superpuestas eran interpretadas por el cerebro del animal como una clara imagen tridimensional. Esta capacidad para combinar en una sola representación las imágenes vistas por los dos ojos se llama **visión binocular** o **estereoscópica.**

El cuello largo de algunos dinosaurios como el *Plateosaurus* les ayudaba además a ver el mundo circundante. Podían voltear su cabeza con facilidad para obtener una visión de 360 grados, mientras que los dinosaurios de cuello corto tenían que voltear todo el cuerpo para obtener la misma vista panorámica.

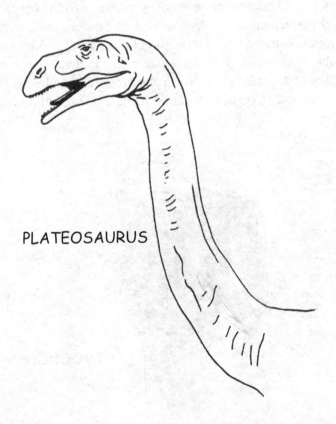

PLATEOSAURUS

Caja de herramientas del paleontólogo: ESCALA DE VISIÓN

Materiales   1 hoja de papel copia, cebolla o albanene
regla
lápiz
tijeras

Procedimiento

1. Dobla la hoja a la mitad de modo que los dos lados más cortos se junten.

2. Coloca el extremo de la regla en una de las esquinas del borde doblado.

3. Dibuja un punto en el extremo abierto de la hoja a 10 cm (4 pulg) de la esquina.

4. Gira la regla tal como se muestra en la figura para hacer 7 u 8 puntos más, todos ellos a 10 cm (4 pulg) de la esquina.

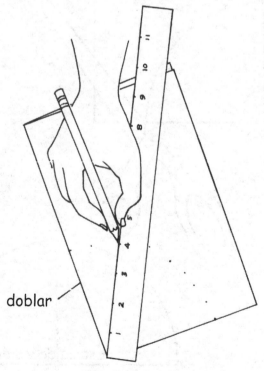

doblar

5. Dibuja una línea que una los puntos.

6. Recorta la hoja doble de papel siguiendo la línea.

7. Desdobla el papel y dibuja un punto en el doblez sobre el borde recto del papel.

8. Etiqueta esta herramienta con las palabras "Escala de visión".

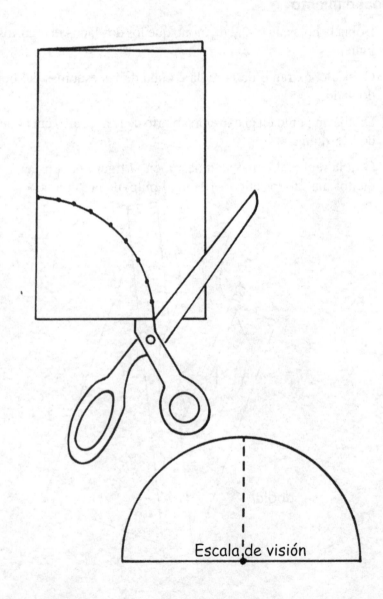

Escala de visión

Ejercicio

Algunos dinosaurios tenían más o menos la misma **visión periférica** (lo que puede ser visto a los lados al momento de mirar hacia adelante) que otros animales cuyos ojos miran al frente (¡incluyéndote a ti!). En la figura, *Patisauria* está tratando de pasar junto a su amigo *Juanitosaurio* sin que éste la vea. Sigue las instrucciones que vienen después de las siguientes figuras para utilizar tu escala de visión, y así determinar en qué momento *Juanitosaurio* es capaz de empezar a ver a *Patisauria* con su visión periférica.

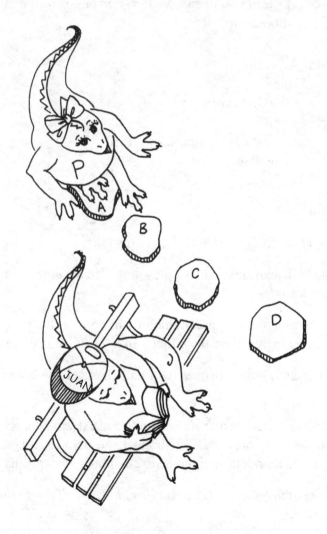

Coloca la escala de visión sobre la figura, de modo que el borde inferior quede alineado con los ojos de *Juanitosaurio* y que la marca central apunte hacia la nariz de éste. El área que queda dentro del arco es el campo de visión de *Juanitosaurio*. ¿Cuál es la piedra que queda primero dentro de su campo de visión?

Actividad: CAMPO DE VISIÓN

Propósito   Determinar el campo de visión de los ojos de un dinosaurio.

Materiales   cartulina
lápiz
arandela o rondana
cordón
2 crayolas: 1 amarilla y 1 azul
ayudante

Procedimiento

1. Coloca la cartulina extendida en el piso.

2. Párate en la cartulina con los pies juntos en el centro de uno de los bordes largos.

3. Pídele a tu ayudante que dibuje el contorno de tus pies y que ponga una marca entre tus talones en la orilla de la cartulina.

4. Levanta lateralmente tu brazo izquierdo hasta el nivel de tu hombro.

5. Pídele a tu ayudante que ate la arandela al extremo del cordón y que lo enrede en tu brazo estirado tanto como sea necesario para que la arandela cuelgue justo encima de la cartulina.

NOTA: *mantén tu cabeza y tus ojos mirando hacia el frente durante los pasos 6 a 13.*

6. Cierra tu ojo derecho y, sin mover la cabeza, mueve lentamente tu brazo estirado hacia atrás o hacia adelante hasta que tu ojo abierto ya no pueda ver las puntas de los dedos de tu mano.

7. Pídele a tu ayudante que ponga una marca sobre la cartulina justo en el lugar donde haya quedado la arandela. Pídele que escriba sobre ese punto la palabra "izquierdo".

8. Levanta lateralmente tu brazo derecho hasta el nivel de tu hombro. Pídele a tu ayudante que transfiera el cordón a tu brazo derecho. Baja tu brazo izquierdo.

9. Mantén cerrado tu ojo derecho y, sin mover la cabeza, mueve lentamente tu brazo estirado *hacia adelante* hasta donde puedas ver las puntas de los dedos de tu mano.

10. Nuevamente, pídele a tu ayudante que ponga una marca en la cartulina justo donde cuelgue la arandela. Pídele que escriba sobre ese punto la palabra "izquierdo".

11. Repite los pasos del 4 al 10 con tu ojo izquierdo cerrado. Pídele a tu ayudante que escriba la palabra "derecho" sobre las marcas que vaya haciendo.

12. Sal del área de la cartulina y traza líneas para unir los puntos marcados y mostrar así los campos de visión de tu ojo izquierdo y de tu ojo derecho, tal como se muestra en el diagrama.

13. Con la crayola azul, ilumina el campo de visión para tu ojo izquierdo.

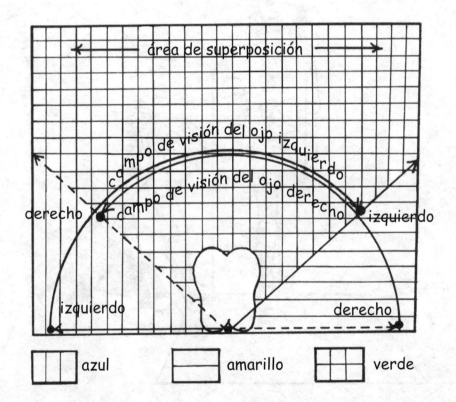

14. Con la crayola amarilla, ilumina el campo de visión para tu ojo derecho.

15. Colorea el área restante de la cartulina con ambas crayolas de modo que quede de color verde.

Resultados   Los campos de visión del ojo derecho y del ojo izquierdo son iguales y se superponen, tal como se muestra con el color verde en el centro de tu diagrama.

¿Por qué?   El campo de visión completo cuando ambos ojos están abiertos y mirando al frente es de 180 grados aproximadamente. El cráneo fosilizado de *Tröodon* muestra que, al igual que en los seres humanos, sus ojos miraban hacia adelante y estaban separados. Este espacio entre los ojos hacía que los campos de visión del ojo izquierdo y del ojo derecho se superpusieran, produciendo una visión tridimensional. Este tipo de visión binocular era importante para el *Tröodon* y otros dinosaurios que se piensa eran depredadores activos.

Solución al ejercicio

¡Piensa!

* Prolonga el borde recto de la escala de visión hasta las piedras de la pasadera.

* ¿Qué piedra se halla primero dentro del campo de visión de *Juanitosaurio*?

Juanitosaurio *empieza a ver a* Patisauria *con su visión periférica cuando ella pisa la piedra C.*

12

¿Qué hay para comer?

Aprende a distinguir entre dinosaurios herbívoros y carnívoros

Lo que necesitas saber

Los dinosaurios y los animales que comen plantas principalmente, como los caballos y las vacas de hoy que tú conoces, se llaman **herbívoros**. Los animales cuyo principal alimento es la carne se llaman **carnívoros.** Es probable que haya habido más dinosaurios herbívoros que carnívoros. Los restos fósiles de dinosaurios dan a los paleontólogos pistas que les permiten determinar cuál era la dieta de los dinosaurios. Ocasionalmente, han encontrado los restos fosilizados del contenido del estómago de un dinosaurio, pero lo más frecuente es que tengan que valerse de otras pistas para saber cuál era el alimento preferido de los dinosaurios. Algunas de estas pistas incluyen la forma de sus dientes, y la forma y el número de las patas sobre las que caminaban los dinosaurios. Los dientes fuertes, planos y con superficie de moledura permiten pensar en un animal herbívoro. Aunque con sus excepciones, los dinosaurios que caminaban sobre cuatro patas eran por lo general herbívoros. Como regla, los dinosaurios carnívoros caminaban sobre dos patas de tres dedos puntiagudos como las de las aves. Tenían dientes grandes y puntiagudos y una mandíbula poderosa. Algunos dinosaurios, como el *Anatosaurus*, podían tener mil o más dientes en una etapa de su vida.

El **Chasmosaurus** (casmosaurio) y el **Opisthocoelicaudia** (opistocelicaudia) eran herbívoros típicos. Ambos vivieron en el periodo Cretácico superior (finales), pero debido a la diferencia en cuanto a estructura corporal, no competían por el mismo alimento. Lo más probable es que el *Chasmosaurus* haya usado su pico de perico para cortar los resistentes tallos de las plantas creciendo al nivel del suelo, mientras que el *Opisthocoelicaudia,* con su cuello largo, caminaba por los bosques mordisqueando las ramas de los árboles. Estos animales y otros parecidos a ellos pasaban la mayor parte del tiempo mientras caminaban comiendo golosamente plantas. Cada año comían varias veces su peso en comida.

El *Tyrannosaurus rex* es un ejemplo típico de dinosaurio carnívoro. Poseía los dientes más grandes de dinosaurio que se hayan encontrado, los cuales medían 15 cm (6 pulg) de largo aproximadamente. Estos dientes grandes y filosos tenían los bordes serrados, de tal manera que podían cortar la carne como si fueran cuchillos especiales para ello.

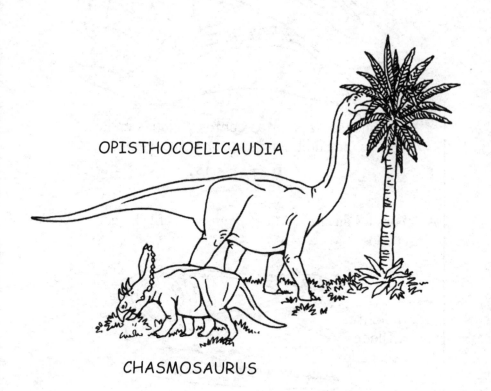

OPISTHOCOELICAUDIA

CHASMOSAURUS

Ejercicios

Usa tus habilidades detectivescas para identificar si estos cráneos de dinosaurio eran de un herbívoro o de un carnívoro.

1. El *Maiasaura* era un dinosaurio con pico de pato que tenía hileras de dientes pequeños y planos tanto en la mandíbula superior como en la inferior.

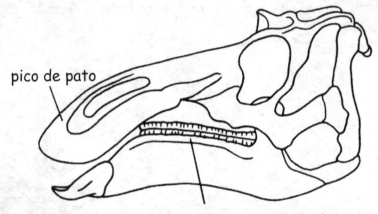

pico de pato

hileras de dientes cortos y planos en las mandíbulas inferior y superior

MAIASAURA

2. Todos los dientes del *Coelophysis* eran afilados con los bordes serrados.

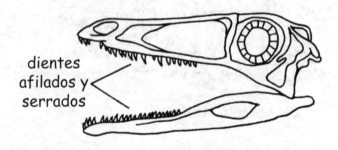

dientes afilados y serrados

COELOPHYSIS

3. El *Triceratops* tenía hileras de dientes pequeños y planos en ambos lados de la boca y un pico largo y filoso.

pico largo
y afilado

hileras de dientes planos y cortos
en ambos lados de la boca

TRICERATOPS

Actividad: MOLINOS

Propósito Determinar la forma en que los dinosaurios cuyos dientes no servían para moler comían su alimento.

Materiales 20 hojas verdes de un árbol grande o de un arbusto; pídele a un adulto que seleccione las hojas
2 bolsas de plástico con cierre
5 piedras del tamaño de una nuez

Procedimiento

1. Observa la forma de las hojas y después coloca 10 de ellas en cada una de las bolsas de plástico.

2. Añade las piedras en una de las bolsas con hojas.

3. Sostén entre las palmas de tus manos la bolsa de hojas que no contiene piedras.

4. Frota vigorosamente tus manos contra la bolsa 25 veces.

5. Abre la bolsa y saca las hojas.

6. Observa la forma de las hojas.

7. Sostén entre las palmas de tus manos la bolsa de hojas que sí contiene piedras.

8. Frota vigorosamente tus manos 25 veces como lo hiciste anteriormente. NOTA: *no frotes tan fuerte porque podrías lastimarte las manos.*

9. Saca las hojas y obsérvalas.

Resultados La forma de las hojas que están dentro de la bolsa que no contiene piedras cambia ligeramente o permanece igual. Las hojas que están en la bolsa que sí contiene piedras quedaron algo trituradas.

¿Por qué? Algunos dinosaurios, como el *Apatosaurus,* tenían dientes largos y delgados en la parte delantera de sus mandíbulas extendidas. Es posible que estos dientes se hayan utilizado a manera de rastrillo para recoger hojas, pero no servían para masticar. El *Apatosaurus* y otros dinosaurios con una estructura corporal parecida probablemente no masticaban su comida, sino que la tragaban entera. Los paleontólogos han encontrado grandes piedras pulidas cerca de las costillas de los fósiles de *Apatosaurus.* La localización de estas piedras permite suponer que se las tragaban, exactamente como los pollos tragan piedritas para moler su comida en el interior del cuerpo. Al moverse de aquí para allá, las piedras pulverizaban la comida dentro del cuerpo del dinosaurio, tal como las piedras molieron las hojas dentro de la bolsa.

Solución a los ejercicios

1. ¡Piensa!

- ¿Qué tipo de dientes lleva el cráneo del *Maiasaura*? Dientes cortos en la parte de atrás de la mandíbula.

- ¿Podrían utilizarse estos dientes para atacar y despedazar a un animal? No. Los dientes cortos y planos eran más útiles para masticar las fibras de las plantas.

El Maiasaura *era un herbívoro.*

2. ¡Piensa!

- Describe los dientes del cráneo del *Coelophysis.* Afilados, serrados (en forma de sierra).

- ¿Es éste el tipo de dientes que sirven para masticar plantas? No, se utilizan a manera de cuchillo para cortar la carne.

El Coelophysis *era carnívoro.*

3. ¡Piensa!

- ¿En qué es diferente el cráneo del *Triceratops* de los otros dos? Tiene un pico afilado.

- ¿Qué tipo de dientes tiene el cráneo de *Triceratops*? Dientes cortos y planos.

- ¿Qué uso tendrían el pico y los dientes cortos y planos? El pico afilado serviría para cortar los fuertes tallos de las plantas, y las hileras de dientes planos y cortos servirían para masticar hojas de plantas correosas que otros dinosaurios no podían comer.

El Triceratops *era un herbívoro.*

13
¡Colas arriba!

¿Para qué usaban los dinosaurios su cola?

Lo que necesitas saber

La cola de los dinosaurios era como la de los reptiles, pero variaba en longitud y grosor. El uso de la cola dependía de su tamaño y forma, así como de la estructura física del dinosaurio. Algunos bípedos, como el **Hypsilophodon** (hipsilofodonte), tenían tendones en forma de varilla que corrían a lo largo de ambos lados de las vértebras de la cola. Se cree que estos tendones de apoyo mantenían rígida la cola, lo que permitía que ésta actuara como contrapeso cuando el animal corría.

HYPSILOPHODON

Colas como la del **Iguanodon** (iguanodonte) podrían haber servido como puntal o soporte para sostener al animal cuando éste se ponía de pie, posiblemente para alcanzar a cortar las hojas y ramas tiernas de los árboles. Otros bípedos tenían cola como la de los caimanes de hoy, delgada y larga que se iba haciendo más angosta hasta la punta. Este tipo de cola podría haber sido útil para nadar.

La cola de los dinosaurios cuadrúpedos variaba enormemente en longitud. Los cuadrúpedos que tenían una constitución como la del *Diplodocus* necesitaban una cola larga para contrarrestar el peso de su cuello tan largo. Estas colas largas también pudieron haber sido

IGUANODON

utilizadas como un látigo para alejar a los depredadores. Otros dinosaurios, como el *Triceratops,* se parecían a los rinocerontes de hoy y posiblemente se movían como éstos. Su cola, aunque corta en comparación con la del *Diplodocus,* era gruesa y maciza. Los dinosaurios que tenían una estructura corporal como la del *Triceratops* no necesitaban una cola larga para equilibrarse al caminar o correr.

Es muy probable que los dinosaurios parecidos al *Stegosaurus* (cuya cola tenía picos en la punta), por ejemplo el **Minmi**, emplearan la cola como arma de defensa. El *Minmi* poseía una armadura de placas óseas que le cubría el cuerpo y la cola. El *Ankylosaurus* era otro dinosaurio con una armadura que le servía de protección, pero era su cola la que tenía un aspecto aún más amenazante con una especie de clava o maza ósea en el extremo. Los animales como éstos, tenían músculos muy fuertes en las patas traseras y la cola, lo que les permitía darse la vuelta y agitar su cola con la suficiente fuerza para dañar a un depredador.

Los científicos no se ponen de acuerdo acerca de la forma en que los dinosaurios de cola larga mantenían ésta al caminar, esto es, si la llevaban levantada o la arrastraban por el suelo. Un hecho sorprendente es que rara vez se han encontrado huellas de colas que se arrastraran junto a la mayor parte de las pisadas de dinosaurios.

Ejercicio

Parece ser que los dinosaurios que se muestran en ésta y la siguiente página tienen problemas. ¡Y no es de extrañar! Sus colas han sido cambiadas. Relaciona cada cuerpo de dinosaurio (indicados con una letra) con su cola correcta (indicadas con un número).

Actividad: REMOLQUES

Propósito   Demostrar cómo la cola larga de un saurópodo sirve de contrapeso a un cuello largo.

Materiales   tijeras
regla
una tarjeta blanca para ficha bibliográfica
plumín
popote
cinta adhesiva transparente
20 cm (18 pulg) de cable aislado de calibre 20
4 arandelas
plastilina
lápiz

Procedimiento

1. Recorta un rectángulo de 5 × 2.5 cm (2 × 1 pulg) de la tarjeta.

2. Copia el dibujo del cuerpo de un *saurópodo* (mostrado aquí) en el rectángulo que recortaste de la tarjeta, y voltéalo de modo que la cara con el dibujo quede mirando hacia abajo.

5 cm (2 pulg)

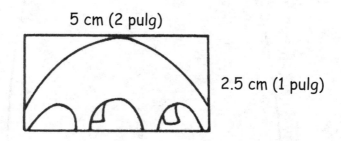

2.5 cm (1 pulg)

3. Recorta un tramo de 5 cm (2 pulg) del popote.

4. Con cinta adhesiva, por la cara que no lleva el dibujo, pega el popote a lo largo del extremo inferior del rectángulo.

5. Haz pasar el alambre a través del tramo de popote que cortaste y pegaste, de tal manera que de ambos extremos sobresalga una cantidad igual de alambre.

6. Dobla los extremos del alambre hacia arriba y ata dos arandelas en cada uno de ellos.

7. Haz un nudo alrededor de las arandelas en uno de los extremos del alambre para representar la cabeza del saurópodo.

8. Pega una bolita de plastilina del tamaño de una nuez sobre una mesa.

9. Para el lápiz, con la goma hacia arriba, en la plastilina.

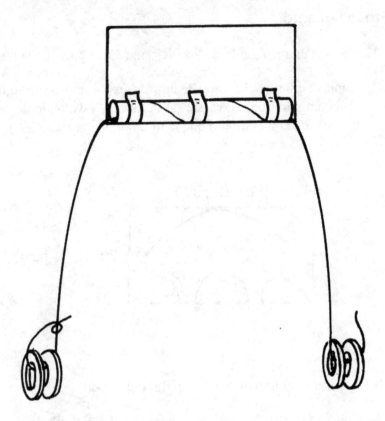

10. Coloca el modelo de saurópodo de modo que el popote se apoye en la goma. Mueve el modelo hacia la izquierda o la derecha hasta que encuentres el punto de equilibrio.

11. Marca con una "X" sobre el dibujo el punto de equilibrio.

12. Mueve el alambre a través del popote de modo que sobresalgan 5 mm (¹/₄ de pulgada) más de alambre del lado del dibujo que representa el cuello del dinosaurio.

13. Vuelve a colocar el modelo sobre la goma de modo que el punto de equilibrio (X) quede en el centro de la goma como estaba antes.

14. Observa cualquier cambio en la posición del modelo.

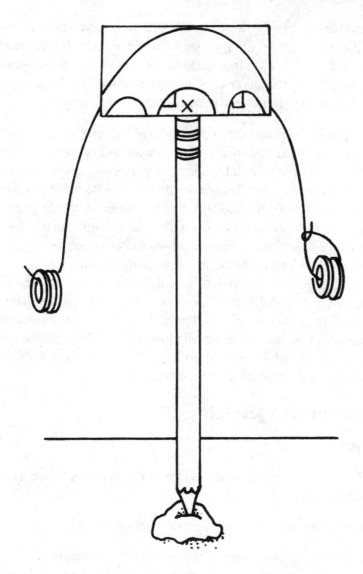

15. Mueve el alambre a través del popote de modo que sobresalgan 5 mm (¼ de pulgada) más de alambre del lado del dibujo que representa la cola del dinosaurio.

16. Nuevamente, trata de equilibrar el modelo sobre la goma colocando la "X" encima de la goma. Observa cualquier cambio en la posición del modelo.

Resultados El modelo se equilibra en un punto cercano al centro de la parte inferior del dibujo cuando cantidades iguales de alambre sobresalen de cada extremo. Cuando las cantidades que sobresalen de cada extremo del popote no son iguales, el rectángulo de papel se inclina hacia el extremo que tiene el alambre más largo.

¿Por qué? El punto sobre el cual un objeto está en equilibrio se llama **centro de gravedad.** En el modelo del saurópodo, el centro de gravedad es el punto donde todas sus partes se equilibran unas a otras. Al colocar cantidades iguales de alambre y arandelas en cada uno de los extremos del modelo, hiciste que el centro de gravedad quedara en el centro del borde inferior del dibujo. Cuando hiciste que hubiera más alambre en uno de los extremos, el rectángulo de papel se inclinó hacia el extremo que tenía más alambre debido a que cambió el centro de gravedad. Los dinosaurios semejantes a los saurópodos tenían cuello muy largo, por lo que si no hubieran tenido una cola larga para compensar el peso del cuello, estos dinosaurios, al igual que el modelo, se hubieran ido de cabeza. Es probable que la cola y el cuello del dinosaurio no hayan tenido la misma longitud, pero el peso y el largo de ambos se compensaban.

Solución al ejercicio

¡Piensa!

- La cola 1 es corta, gruesa y recta. Los bípedos tenían la cola como ésta.

El cuerpo que mejor le queda a esta cola es el C.

- La cola 2 es muy larga y requiere que el animal haga un gran esfuerzo para levantarla o arrastrarla. Los dinosaurios de cuello muy largo generalmente tenían cola larga para equilibrar el peso.

El cuerpo que le queda mejor a la cola 2 es el A.

- La cola 3 tiene una especie de maza en su extremo. Los dinosaurios que tenían el cuerpo cubierto por una armadura, tenían cola con picos o con placas que formaban una armadura.

El cuerpo que le queda mejor a la cola 3 es el B.

14
Calor corporal

**Diferencias entre los dinosaurios de
sangre fría y los de sangre caliente**

Lo que necesitas saber

Hasta hace poco la mayoría de los científicos creían que todos los dinosaurios habían sido animales lentos, perezosos y **ectotérmicos** (de sangre fría). Pero hoy, varios de ellos creen que algunos dinosaurios fueron animales ágiles, rápidos y **endotérmicos** (de sangre caliente).

Los reptiles son de sangre fría, pero los seres humanos son de sangre caliente. La temperatura corporal de un animal ectotérmico cambia con la temperatura de su ambiente, pero un animal endotérmico mantiene una temperatura corporal constante, independientemente de la temperatura que haya en el exterior. El calor interior de un animal endotérmico proviene de la comida que ingiere, y el sudor es una manera de perderlo.

Algunos paleontólogos piensan que es probable que los dinosaurios hayan tenido que pasar la mayor parte de su tiempo, o todo, comiendo para mantener una temperatura corporal constante a partir de la energía proporcionada por el alimento. Los dinosaurios grandes, en el caso de que fueran endotérmicos, pudieron haber comido aproximadamente cincuenta veces su peso corporal en comida al año. Es probable que a diferencia de los dinosaurios endotérmicos, los dinosaurios ectotérmicos sólo comieran el equivalente a cinco veces su peso corporal cada año porque gran parte de la energía necesaria para calentarse provenía de la energía solar.

Otra forma en que los grandes dinosaurios endotérmicos podrían haber mantenido su temperatura corporal es simplemente su gran tamaño. Su talla disminuía la cantidad de calor que ganaban del medio ambiente o la cantidad que perdían hacía éste. Debido a este intercambio lento de calor, cualquier cambio de temperatura del día a la noche tenía poco efecto sobre la temperatura corporal del dinosaurio. Un animal de este tipo podía padecer de un sobrecalentamiento producido por el ejercicio o un clima caluroso y podía enfriarse en un clima caliente por bañarse, vadear o permanecer en agua fría.

Algunos de los dinosaurios ectotérmicos podrían haber tenido características físicas especiales que les ayudaban a controlar el calor de su cuerpo. Por ejemplo, los restos fósiles del **Spinosaurus** (espinosaurio) muestran que este animal tenía grandes espinas óseas que se proyectaban hacia arriba desde las vértebras. Se piensa que estas espinas sostenían una membrana de piel parecida a la vela de un barco. Durante la parte más fría del día, el *Spinosaurus* podía permanecer de pie con el costado hacia el sol y la sangre de la "vela" se calentaba como si se tratara de un colector de energía solar. La sangre calentada por el sol llevaría entonces el calor por todo el cuerpo

CAPTANDO CALOR

del animal. Si el animal se ponía demasiado caliente, podía apartar la vela del sol o pasarse a la sombra.

REFRESCÁNDOSE

Ejercicios

1. Luis, un dinosaurio ectotérmico, se está preparando para tomar su siesta. ¿Qué lado del árbol en el dibujo representa mejor el medio ambiente que le ayudará a mantener su temperatura corporal después de que haya comido su golosina?

2. Andrés, un **Dimetrodon** (dimetrodonte) ectotérmico, ha decidido realizar un paseo al calor del día. ¿Qué camino será la mejor opción para protegerse del sobrecalentamiento?

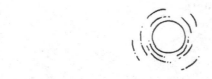

Actividad: CAMBIOS

Propósito   Demostrar cómo el medio ambiente cambiaba la temperatura corporal de los dinosaurios ectotérmicos.

Materiales tarjeta blanca para ficha bibliográfica
lápiz
tijeras
termómetro
reloj
ayudante adulto

Procedimiento

1. Dobla la tarjeta a la mitad por lo largo.

2. Dibuja un dinosaurio en uno de los lados doblados de la tarjeta.

3. Pídele a un adulto que recorte dos ranuras en el centro del otro lado de la tarjeta. Entre las ranuras debe haber una separación de aproximadamente 5 cm (2 pulg) y deben ser tan sólo un poco más largas que el ancho del termómetro. Observa la figura de la página contraria.

4. Inserta el termómetro a través de las ranuras de la tarjeta.

5. Lee y registra la temperatura del termómetro. Tal vez sea necesario jalar el termómetro hacia afuera de la tarjeta para poder leer la escala. Asegúrate de no tocar el extremo del bulbo con tus dedos, pues el calor de tu cuerpo cambiará la lectura de la temperatura.

6. Lleva al exterior la tarjeta del dinosaurio poniendo el termómetro a la luz directa del sol.

7. Después de 5 minutos, lee y registra la temperatura.

8. Lleva la tarjeta del dinosaurio a un área de sombra y mantenla allí durante 5 minutos.

9. Lee y registra la temperatura.

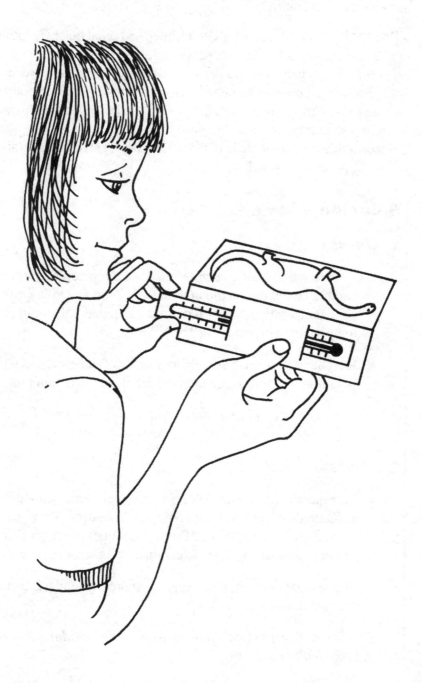

Resultados   La lectura de la temperatura se incrementa cuando la tarjeta se coloca a la luz directa del sol y disminuye cuando la tarjeta se coloca en la sombra.

¿Por qué?   Los dinosaurios ectotérmicos, al igual que los reptiles ectotérmicos actuales, eran capaces de regular su temperatura corporal poniéndose a la luz directa del sol y alejándose de ella. La lectura más alta de la temperatura cuando el termómetro se colocó en un área de sol indica que la piel del dinosaurio recibía más calor cuando el animal se paraba en un área soleada. La sangre en los vasos sanguíneos ubicados debajo de la piel se calentaban, elevando la temperatura corporal del animal.

Solución a los ejercicios

1. ¡Piensa!

- Debido a que Luis es ectotérmico, su temperatura corporal cambia con la del medio ambiente. ¿Cómo afecta la golosina la temperatura corporal de Luis? El helado disminuyó su temperatura corporal.

- Después de comerse su helado, Luis necesita elevar su temperatura corporal. ¿Qué lado del árbol está más caliente?

El lado A, que es el lado donde cae la luz directa del sol, le ayudará a Luis a mantener su temperatura corporal.

2. ¡Piensa!

- La especie de vela que Andrés tiene en el lomo, actúa como colector de energía solar. ¿Cómo puede Andrés evitar que su vela acumule energía solar? Puede hacer que su vela no apunte directamente al sol o puede caminar en la sombra.

- ¿En cuál de los caminos la vela de Andrés acumularía menos energía del sol?

El camino A sería el más adecuado para resguardar a Andrés del sobrecalentamiento.

15
Cazadores de huevos

Búsqueda de huevos de dinosaurio

Lo que necesitas saber

Aunque anteriormente se habían encontrado fragmentos de huevos, no fue sino hasta 1922 cuando se identificaron huevos completos de dinosaurio; un grupo de paleontólogos hizo el descubrimiento en el desierto de Gobi (en Asia Central y dividido entre China y Mongolia). Debido a que se encontraron muchos esqueletos de **Protoceratops** cerca de los huevos, asumieron que los huevos pertenecían a este dinosaurio del tamaño de un cerdo y con un pico como de perico. En nidos arenosos se encontraron juntos 12 o más huevos con forma de papa y cascarón áspero y rugoso. Los huevos, que medían 20 cm (8 pulg) de largo aproximadamente, habían sido puestos en círculos concéntricos dentro de huecos cavados en la tierra.

PROTOCERATOPS

Desde entonces, se han encontrado huevos de dinosaurio en muchos lugares diferentes alrededor del mundo, entre otros una colina en el estado de Montana, Estados Unidos, a la que hoy se le conoce con el nombre de *Egg Mountain* (Montaña del Huevo). En Egg Mountain se encontraron esqueletos de dinosaurios bebés acurrucados unos contra otros en un nido cerca del cráneo de un adulto. ¿Era éste resto de una dinosauria mamá que estaba cuidando a sus pequeños? El descubrimiento de este tipo de unidad familiar fue insólito, ya que permitía suponer que esta mamá, y posiblemente otras, no abandonaban a sus bebés a su suerte. El descubridor de los restos, John Horner, bautizó al dinosaurio al cual correspondía el cráneo con el nombre de *Maiasaura,* que significa "lagarto buena madre".

Horner encontró más nidos y huevos, así como dinosaurios jóvenes con dientes desgastados. Los dientes de los dinosaurios bebés indi-

MAIASAURA

caban que habían estado masticando plantas duras. Tal vez la mamá les llevaba el alimento a los nidos a estos dinosaurios jóvenes; o les conducía fuera del nido para ir a alimentarse y después les llevaba de regreso al nido. Esto parece indicar que algunos dinosaurios vivían en familia. Existen muchas preguntas sin contestar en relación con los nidos de Egg Mountain, incluyendo la siguiente: ¿cuál fue el desastre que provocó la muerte en lo que parecía ser una "guardería de dinosaurios"?

Las articulaciones débiles, como las que presentaban las crías de *Maiasaura,* indican que éstas debieron haber sido incapaces de valerse por sí mismas, por lo que necesitaban cerca a sus padres para que las cuidaran. Los científicos también estudian la condición de los huevos encontrados en los nidos buscando pistas que los lleven a determinar si los recién nacidos eran débiles o fuertes. Un nido lleno de cascarones pisoteados indica la presencia de crías débiles que permanecían en el nido durante mucho tiempo, pisando una y otra vez los fragmentos de cascarón. Las crías que nacían con huesos y articulaciones fuertes no permanecían en el nido durante mucho tiempo, por lo que se han encontrado restos más grandes de cascarón en sus nidos. Los nidos del *Hypsilophodon* contienen cascarones enteros con sólo un agujero en la parte superior, mientras que los nidos del **Hypacrosaurus** contienen fragmentos pequeños. A partir de estos hallazgos, los científicos suponen que el *Hypsilophodon* bebé era capaz de buscar alimento inmediatamente después de romper el cascarón, pero que las crías recién nacidas de *Hypacrosaurus* dependían de uno o de sus dos padres para que les llevaran alimento al nido hasta que crecían y se volvían más fuertes.

Ejercicios

Indica a qué nido corresponde con mayor probabilidad cada una de las siguientes descripciones de las crías recién nacidas.

1. Un bebé completamente desvalido con articulaciones y huesos muy poco desarrollados.

2. Un bebé activo, listo para levantarse y caminar, que posee articulaciones y huesos bien desarrollados.

Actividad: CUBIERTAS

Propósito   Determinar si los huevos de dinosaurio eran depositados en nidos en los que quedaban expuestos al aire.

Materiales   cinta adhesiva (*masking tape*)
dos frascos de 1 litro (¹/₄ de galón) de capacidad
una taza medidora (250 ml)
agua de la llave
plumín
2 toallas de papel para cocina
2 ligas
una bandeja para hornear galletas
¹/₂ taza (125 ml) de mezcla de arena y hojas

Procedimiento

1. Pega verticalmente una tira de cinta adhesiva en uno de los lados de cada frasco.

2. Vierte tres tazas de agua en cada frasco.

3. Con el plumín, señala sobre la cinta adhesiva el nivel de agua.

4. Cubre con una toalla de papel la parte superior de cada frasco y sujétala con una liga.

5. Coloca los frascos sobre la bandeja para hornear galletas, y ponlos cerca de una ventana de modo que reciban la luz directa del sol.

6. Coloca sobre la toalla de papel que cubre uno de los frascos una capa gruesa de la mezcla de arena y hojas (observa la figura de la siguiente página).

7. Todos los días durante dos semanas, observa el nivel del agua de ambos frascos. O deja de hacerlo cuando uno de los frascos esté vacío.

Resultados   El nivel de agua del frasco cubierto únicamente con la toalla de papel es más bajo que el nivel de agua del frasco cubierto con la mezcla de arena y hojas.

¿Por qué?   Los cascarones de los huevos de dinosaurio, al igual que la toalla de papel, contenían muchas perforaciones diminutas. Si los huevos hubieran estado expuestos al aire, su contenido se habría secado. Debido a la **porosidad** (estado en que el objeto tiene múltiples aberturas diminutas o poros) de los huevos, se cree que estaban cubiertos de arena y plantas. Esta cubierta no solamente evitaba que los huevos se secaran, sino que también los protegía de los depredadores y los mantenía tibios.

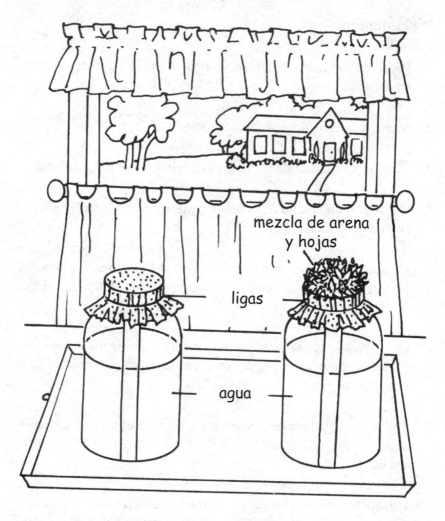

mezcla de arena
y hojas

ligas

agua

Solución a los ejercicios

1. ¡Piensa!

- ¿Qué le pasa a los cascarones cuando los bebés están desvalidos y permanecen más tiempo en el nido? Los bebés pisan los cascarones, por lo que solamente se encuentran fragmentos de cascarón en los nidos.

Probablemente, el nido B debió haber sido el nido de un bebé desvalido.

2. ¡Piensa!

* Las crías fuertes recién nacidas rompen el cascarón, se ponen de pie y echan a andar. Estos bebés activos dejan muy rápido el nido, razón por la cual los cascarones no están rotos.

Probablemente, el nido A debió haber sido el nido de un bebé activo.

16
Demasiado grandes

Formas y tamaños de los huevos de dinosaurio

Lo que necesitas saber

Los científicos han encontrado huevos de dinosaurios de tamaño, forma y textura diferentes. No todos los huevos han sido identifica-dos debido a que algunos no se encontraron cerca de huesos de dinosaurio. Dos tipos de huevos que se han identificado son los del *Protoceratops* en el desierto de Gobi y los del **Hypselosaurus** en Francia. Los huevos de *Protoceratops* tenían forma de papa y medían aproximadamente 15 cm (6 pulg) de largo y su cascarón era áspero y rugoso. Los huevos de *Hypselosaurus* son los más grandes que se han encontrado hasta la fecha, con un contenido promedio de 3.3 litros (3.3 cuartos de galón). Se han encontrado huevos de forma ovoide, así como algunos alargados con extremos casi puntiagudos.

Sorprendentemente, el tamaño del huevo de dinosaurio no depende del tamaño de los padres. Los huevos de algunos dinosaurios muy grandes eran más pequeños que los huevos de dinosaurios más pequeños. La razón entre el peso del progenitor y el peso de la cría de algunos animales de hoy que ponen huevos varía muchísimo. En las aves la razón varía aproximadamente desde 4:1 en el kiwi (pájaro corredor de Nueva Zelanda que carece de alas) hasta 60:1 en el avestruz. De este modo, si el kiwi adulto pesa 2 kg (4 libras), sus crías recién nacidas pesarán 0.5 kg (1 libra). Un avestruz adulto pesa aproximadamente 60 veces más que un avestruz bebé. En el caso de los cocodrilos, la razón es alrededor de 2000:1. Ésta parece ser una diferencia muy grande hasta que la comparas con la del *Hypselosaurus,* que por lo menos es de 10,000:1, o la del *Brachiosaurus,* que es de 100,000:1.

4 : 1

Ejercicios

1. Si un recién nacido de *Hypselosaurus* pesa 1 kg (2.2 libras), ¿cuánto pesaría al llegar a la vida adulta si la razón de bebé a adulto es de 10,000:1?

2. Si tu peso se incrementara entre el nacimiento y la edad adulta en la misma proporción que en el caso de un gran *Brachiosaurus*, pesarías lo mismo que un autobús escolar en tu primer cumpleaños. Redondea tu peso al nacer al número entero más cercano y determina tu peso de adulto utilizando la razón de crecimiento del *Brachiosaurus*, la cual es de 100,000:1 aproximadamente.

ESCUELA CRETÁCICA

Actividad: DEMASIADO GRANDE

Propósito   Determinar por qué los huevos de dinosaurio son tan pequeños en comparación con el dinosaurio adulto.

Materiales   1 toalla de papel para cocina

Procedimiento

1. Sostén la toalla de papel con tus dos manos.

2. Estira ligeramente la toalla de papel y colócala contra tu boca.

3. Sopla a través de la toalla de papel. Haz un registro mental del esfuerzo requerido para soplar a través de una sola capa de toalla de papel.

4. Dobla a la mitad la toalla de papel y sopla a través de las dos capas. Compara el esfuerzo realizado ahora con el esfuerzo requerido para soplar a través de una sola capa de toalla de papel.

5. Nuevamente, dobla a la mitad la toalla de papel.

6. Intenta soplar a través de las cuatro capas, y nota qué tanto esfuerzo se requiere ahora para soplar a través de las cuatro capas.

Resultados Se hace más difícil soplar a través de la toalla de papel conforme el número de capas aumenta.

¿Por qué? El cascarón del huevo, al igual que la toalla de papel, permite que el aire fluya a través de él si las capas son delgadas. Pero conforme el número de capas aumenta, es más difícil que el aire pase a través de ellas. Además, el líquido que está adentro del huevo ejerce presión sobre el cascarón. Los huevos más grandes necesitan un cascarón más grueso para contener la mayor presión proveniente del interior. Un cascarón más grueso no solamente habría significado para el bebé dinosaurio mayor dificultad para romperlo y salir del huevo, sino que también hubiera restringido el flujo de aire a través del cascarón. De este modo, el espesor de un huevo de dinosaurio, al igual que el de cualquier huevo, es limitado.

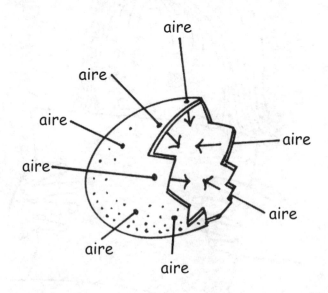

CASCARÓN DELGADO

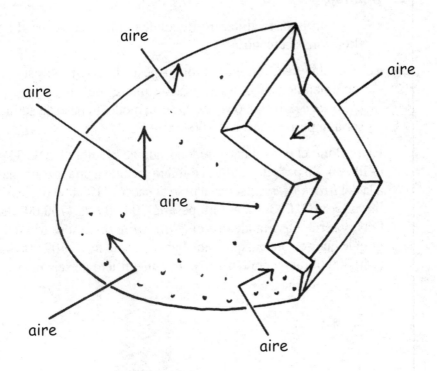

aire

aire

aire

aire

aire

aire

aire

CASCARÓN GRUESO

Solución a los ejercicios

1. ¡Piensa!

- ¿Cuánto pesa el recién nacido? 1 kg (2.2 libras).

- ¿Cuántas veces pesa más el adulto que el recién nacido? 10,000 veces. De este modo, el peso que tendrá el bebé al llegar a la vida adulta será el peso del bebé × la razón = al peso de adulto, o 1 kg (2.2 libras) × 10,000.

El Hypselosaurus *adulto pesaría 10,000 kg (22,000 libras).*

2. ¡Piensa!

- ¿Cuánto pesaste al nacer? Redondea tu peso al nacer al kg (libra) más cercano.

- ¿Cuántas veces sería mayor tu peso de adulto si éste se incrementara en la misma razón que el de un gran *Brachiosaurus?* 100,000 veces. De este modo, tu peso de adulto sería tu peso al nacer × 100,000.

Ejemplo: el peso al nacer redondeado de la autora fue de 3 kg (7 libras). Su peso de adulta si hubiera crecido a una razón igual a la del *Brachiosaurus* sería su peso al nacer × 100,000 o 3 kg (7 libras) × 100,000. La autora pesaría 300,000 kg (700,000 libras) y sería más grande que el *Ultrasaurus*, el dinosaurio más grande que se conoce, que debe haber pesado hasta 109,000 kg (240,000 libras) y era tan alto como un edificio de seis pisos.

17
¿Dinosaurios acuáticos?

¿Por qué primero se creyó que los saurópodos habían vivido en el agua?

Lo que necesitas saber

Entre los saurópodos se incluyen algunos de los dinosaurios más grandes que se conocen. Al principio, el peso de estos imponentes dinosaurios llevó a los científicos a pensar que tal vez esos reptiles no habían tenido la suficiente fuerza para soportar su propio peso en tierra. Consideraron que eran animales **acuáticos** (que vivían en el agua). El agua soportaba de manera uniforme el enorme peso de estos animales, permitiéndoles moverse con facilidad.

Ningún ser vivo de hoy se parece ni siquiera remotamente a un saurópodo. Solamente sus restos fósiles proporcionan pistas para saber cómo vivían. Los primeros científicos utilizaron el incremento en altura entre un ser humano y el dinosaurio para estimar la fuerza y el peso de éste. **Elevar al cuadrado o cuadrar** (multiplicar un número por sí mismo) el incremento en altura indica cuántas veces es más fuerte el dinosaurio que el ser humano. **Elevar al cubo o cubicar** (multiplicar un número por sí mismo dos veces) el incremento en altura indica cuántas veces es más pesado el dinosaurio.

Un ejemplo de esto lo constituye la comparación entre un saurópodo imaginario llamado *Danisaurio,* o "Dani" para abreviar, y un niño llamado Rodri. Rodri mide 1.50 metros (5 pies) de altura y Dani mide 3 metros (10 pies) de altura. La altura de Dani es dos veces la altura de Rodri, de modo que el incremento en altura es 2. La fuerza de los músculos de Dani es igual al cuadrado del incremento, 2×2, o sea que la fuerza de Dani es cuatro veces la fuerza de Rodri.

El peso de Dani es el cubo del incremento, $2 \times 2 \times 2$, lo que indica que el peso de Dani es ocho veces el de Rodri.

Si el peso de Dani es ocho veces el de Rodri, pero la fuerza de Dani es únicamente cuatro veces la de Rodri, a nuestro amigo dinosaurio le falta fuerza muscular para soportar su propio peso. Necesita ayuda para levantar su pesado cuerpo. Podría haberle sido útil una grúa grande, pero esta herramienta no estaba disponible en el periodo

Rodri   Dani

prehistórico. Los científicos pensaron que el mejor apoyo disponible era el agua, y representaron a los saurópodos como Dani vadeando y nadando en áreas pantanosas y comiendo plantas acuáticas. (Para conocer las ideas científicas más recientes acerca de estos dinosaurios, consulta el siguiente capítulo, ¿Dinosaurios terrestres?)

Ejercicios

Utiliza la figura de la página contraria para determinar el incremento en altura entre el joven *Brachiosaurus* y el hombre. Utiliza el incremento en altura para calcular lo siguiente:

1. ¿Cuántas veces es más fuerte el *Brachiosaurus* que el hombre?

2. ¿Cuántas veces es más pesado el *Brachiosaurus* que el hombre?

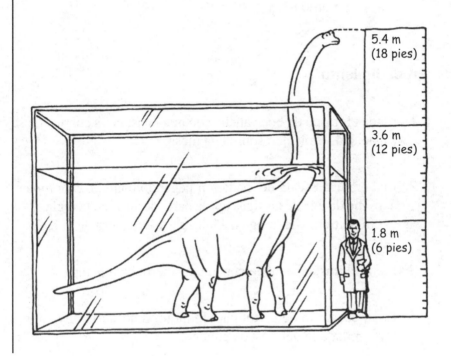

5.4 m
(18 pies)

3.6 m
(12 pies)

1.8 m
(6 pies)

Actividad: ELEVADOR

Propósito Demostrar la fuerza de elevación del agua.

Materiales un frasco de boca ancha de 4 litros (1 galón)
de capacidad
agua de la llave
3 ligas grandes
una regla
cinta adhesiva (*masking tape*)

frasco pequeño con tapa (debe pasar por el frasco
de boca ancha)
marcador de tinta permanente (NOTA: *ten cuidado
de no pintarte la piel o la ropa.*)
un cuadrado de cartulina de 15 × 15 cm (6 × 6 pulg)
tijeras
cordón

Procedimiento

1. Llena el frasco de boca ancha con agua hasta tres cuartos de su capacidad y colócalo sobre una mesa.

2. Elabora una escala de medición pegando con *masking tape* el extremo de una de las ligas por la parte de atrás de la regla. Pasa el otro extremo de la liga hacia la parte delantera de la regla.

3. Llena el frasco pequeño con agua y cierra bien la tapa.

4. En el cuadrado de cartulina, dibuja un dinosaurio cuya altura sea similar a la del frasco pequeño.

5. Recorta el dinosaurio.

6. Con las dos ligas restantes, fija el dinosaurio de papel a la parte exterior del frasco pequeño.

7. Mide y corta un tramo de cordón de 45 cm (18 pulg).

8. Ata uno de los extremos del cordón alrededor del cuello del frasco pequeño; la otra punta del cordón deberás atarla al extremo libre de la liga de tu escala de medición.

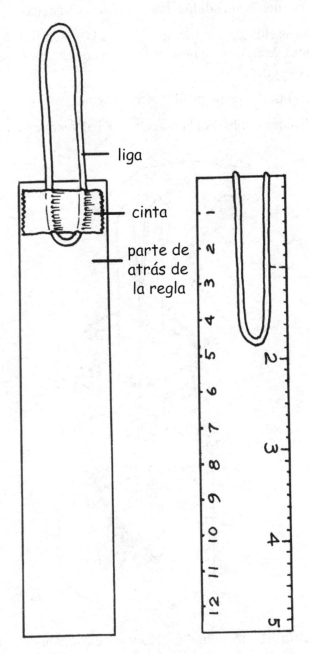

liga

cinta

parte de atrás de la regla

ESCALA

9. Sosteniendo la escala, levanta ésta y el frasco pequeño de modo que queden suspendidos sobre el frasco con agua.

10. En tu escala de medición, observa la magnitud del alargamiento de la liga cuando el frasco pequeño esté suspendido en el aire.

11. Baja el frasco pequeño al frasco de agua.

12. Nuevamente, observa la magnitud del alargamiento de la liga.

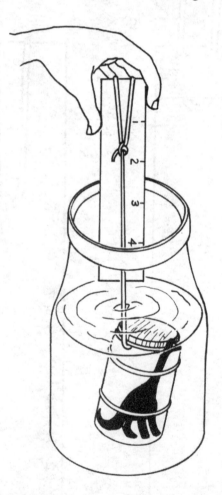

Resultados La magnitud o distancia de alargamiento de la liga es menor cuando el frasco pequeño está dentro del agua que cuando está suspendido por encima del agua.

¿Por qué? El **peso** (magnitud de la atracción que la gravedad ejerce sobre un objeto) del frasco pequeño cambia al colocar éste dentro del agua, pero la masa del mismo no cambia. El frasco pequeño desaloja agua de su camino cuando lo sumerges en el frasco grande. El peso del agua desplazada es igual a la magnitud del empuje hacia arriba que experimenta el frasco pequeño. Esta fuerza, llamada **fuerza de flotación** o **empuje hidrostático**, disminuye el efecto de la atracción hacia abajo que ejerce la gravedad, reduciendo así el peso del frasco pequeño. Es posible que el peso de los grandes saurópodos haya sido reducido de la misma forma por el empuje vertical hacia arriba del agua, permitiéndoles moverse con facilidad de aquí para allá.

Solución a los ejercicios

1. ¡Piensa!

- ¿Cuál es la estatura del hombre? 1.8 metros (6 pies).

- ¿ Cuánto mide el *Brachiosaurus*? 5.4 metros (18 pies).

- ¿Cuántas veces es más alto el dinosaurio que el hombre? 1.8 (6 pies) × ? = 5.4 m (18 pies). 5.4 ÷ 1.8 = 3. Por lo tanto, la altura del dinosaurio es 3 veces la del hombre, y el incremento es igual a 3.

- El cuadrado del incremento es igual a la fuerza comparativa del dinosaurio, o 3 × 3.

El Brachiosaurus *es 9 veces más fuerte que el hombre.*

2. ¡Piensa!

- El cubo del incremento es igual al peso comparativo del dinosaurio, o 3 × 3 × 3.

El Brachiosaurus *es 27 veces más pesado que el hombre.*

18
¿Dinosaurios terrestres?

¿Por qué se piensa en la actualidad que los saurópodos eran animales terrestres?

Lo que necesitas saber

Los saurópodos son un grupo de los dinosaurios más grandes que se conocen. Anteriormente, los científicos pensaban que estos animales eran demasiado pesados para que sus músculos soportaran su peso en el medio terrestre, por lo que consideraban que debían haber vivido en el agua, medio que les ayudaba a soportar su propio peso (revisa el capítulo anterior, ¿Dinosaurios acuáticos?).

En años recientes, algunos paleontólogos han llegado a la conclusión de que los saurópodos vivían principalmente en un medio terrestre y basan sus ideas en varias pruebas. Por un lado, han encontrado huellas fósiles muy profundas de patas de dinosaurio. La profundidad de estas huellas indica que no pudieron haber sido hechas por un animal que viviera en el agua porque el agua habría sostenido al animal, haciendo que las huellas fueran menos profundas.

Otras pruebas aportadas por los fósiles indican que la configuración anatómica (de **anatomía**, ciencia que estudia la estructura de las partes del cuerpo de un animal o planta) de los saurópodos era más parecida a la de los animales **terrestres** (que viven en la parte sólida de la Tierra) que a la de los animales acuáticos. Los saurópodos tenían patas con forma de columnas y pies cortos y gordos como los de los elefantes de hoy. Comúnmente, los pies de los animales acuáticos son más extendidos para evitar que se hundan en el

pies cortos y gordos

tronco de barril

fango suave o para servir como remos al nadar. El tronco o cuerpo superior de un saurópodo también tenía una forma más parecida a la del elefante terrestre que a la del tronco en forma de barril del hipopótamo acuático.

La forma de la cola del animal también proporciona información acerca del medio en el cual vivía. La cola de los animales acuáticos por lo general es aplanada en la parte de arriba como la cola de un castor que se mueve de arriba abajo, o aplanada hacia los lados como la cola de un caimán que se mueve con movimientos rápidos de un lado a otro para ayudarle al animal a nadar. Los fósiles de saurópodos no muestran colas planas, lo que también apoya la teoría de que no eran acuáticos. Una prueba adicional de que los saurópodos eran terrestres es que los restos fósiles de estos animales se han encontrado junto con los fósiles de otros dinosaurios que indudablemente eran terrestres.

La verdad acerca del hábitat de los saurópodos podría ser una combinación de las primeras ideas y las más recientes que han formulado los científicos. Algunos científicos creen que estos animales eran **anfibios** (que vivían tanto en un medio acuático como en un medio terrestre). Es posible que los saurópodos pasaran parte del día caminando sobre la tierra, alimentándose de las copas de los árboles, y el resto del día vadeando, nadando y descansando en el agua.

Ejercicios

A partir de los fósiles de huesos, los paleontólogos pueden construir modelos de dinosaurios y determinar el hábitat de los animales. Estudia las tres figuras de pies.

1. ¿Cuál de estos pies pertenece más probablemente a un animal acuático?

2. ¿Cuál de estos pies pertenece más probablemente a un animal terrestre?

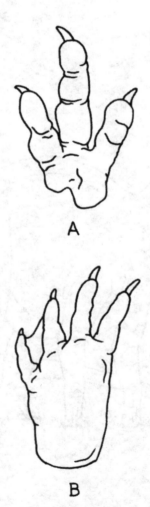

A

B

C

Actividad: PIES EN FORMA DE REMO

Propósito   Mostrar cómo la cola plana del castor le ayuda a éste a moverse en el agua.

Materiales   un molde para hornear grande de 10 cm (4 pulg) de profundidad
agua de la llave
tijeras
regla
una pieza de cartón grueso de por lo menos
10 × 10 cm (4 × 4 pulg)
una liga

Procedimiento

1. Llena casi todo el molde con agua.

2. Recorta un cuadrado de cartón de 10 cm (4 pulg) de lado.

3. Construye un barco de cartón siguiendo estas instrucciones:

■ Recorta un cuadrado de 5 cm (2 pulg) en el centro de uno de los lados del cuadrado de 10 cm.

■ Haz la proa del bote recortando las dos esquinas para formar un pico, tal como se muestra en el diagrama.

■ Coloca la liga en el extremo del bote, tal como se muestra en el diagrama.

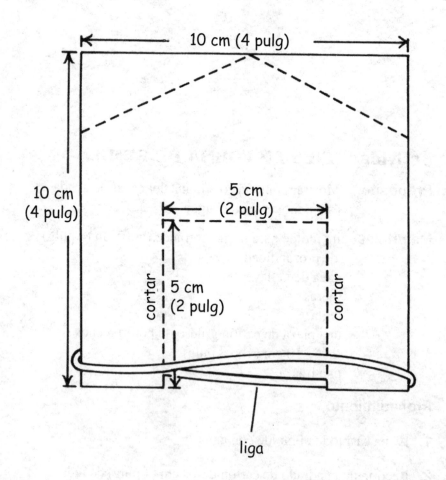

4. Con otro pedazo de cartón, elabora una paleta o hélice de 2.5 × 5 cm (1 × 2 pulg).

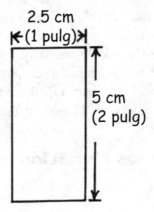

2.5 cm
(1 pulg)

5 cm
(2 pulg)

5. Inserta la hélice entre la liga de la sección recortada del bote.

6. Enrolla la paleta en sentido hacia ti hasta que ya no sea posible enrollar más la liga. Sostén el bote y la paleta de modo que evites que ésta se desenrolle.

7. Coloca el bote en el molde con agua.

8. Suelta la hélice.

9. Observa el movimiento del bote.

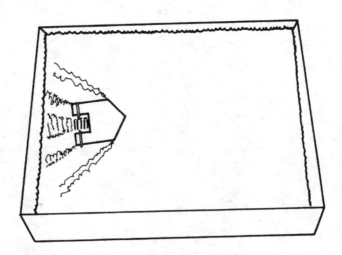

Resultados El bote avanza hacia adelante.

¿Por qué? La tercera ley de Newton o principio de acción y reacción establece que cuando un cuerpo es empujado (acción), éste
reacciona empujando hacia atrás con una fuerza igual y sentido contrario (reacción). Cuando la paleta que gira o la cola plana de un
castor empujan contra el agua, ésta empuja hacia atrás, haciendo que
el bote o el castor se muevan. Los dinosaurios acuáticos utilizaban
su cola plana, al igual que el castor, para avanzar a través del agua.

Solución a los ejercicios

1. ¡Piensa!

- ¿Qué tipo de pies tienen los animales acuáticos? Sus pies
  son extendidos, y algunos tienen unidos los dedos por una
  membrana (pies palmeados).

Probablemente, el pie B pertenece a un animal acuático.

2. ¡Piensa!

- ¿Suelen tener los animales terrestres pies palmeados? No,
  por lo general sus pies son más cortos y redondos que los
  pies de los animales acuáticos, y algunos tienen garras.

Los pies A y C pertenecen probablemente a animales terrestres.

19
Récord de velocidad

Analiza huellas fosilizadas para determinar la velocidad de los dinosaurios

Lo que necesitas saber

Muchas personas creen que los dinosaurios eran criaturas que se movían lentamente. Algunos de los dinosaurios más grandes, como los enormes saurópodos, es posible que se hayan movido a una velocidad no mayor de 3 a 7 km (2 a 4 millas) por hora. Otros eran muy rápidos. El **Stenonychosaurus** (estenonicosaurio) fue tal vez el más rápido y posiblemente alcanzaba una velocidad de 80 km (50 millas) por hora o más.

La velocidad está determinada por la distancia recorrida en un lapso determinado. Debido a que ya no existen dinosaurios vivos para medir su velocidad, ésta se calcula a partir de huellas fosilizadas. La longitud del **ciclo de carrera** (la distancia desde un punto en una huella del pie al mismo punto en la siguiente huella hecha por el mismo pie) proporciona pistas para determinar la velocidad de los animales. Otro factor importante para determinar la velocidad es la longitud de la pata trasera del animal desde el pie hasta la cadera. Los científicos pueden adivinar qué dinosaurios tenían patas largas porque éstos tenían un **paso** (la distancia desde un punto

en la huella de un pie hasta el mismo punto en la siguiente huella hecha por el pie opuesto) más largo que el de los animales de patas más cortas.

Cuanto más largos el ciclo de carrera y el paso del dinosaurio, tanto más rápido se habrá movido éste. El estudio de las huellas de animales de hoy proporciona pistas acerca de la relación que tienen el paso y el ciclo de carrera con la velocidad de los dinosaurios.

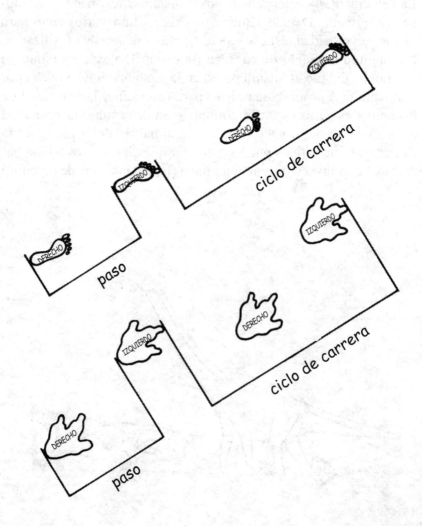

Ejercicios

Analiza los dos conjuntos de huellas para responder las siguientes preguntas:

1. Si las huellas fueron hechas por el mismo animal, ¿cuál conjunto de ellas indica que el animal iba corriendo?

2. Si las huellas fueron hechas por dos animales diferentes, ¿cuál conjunto de ellas indica que el animal tenía patas más largas?

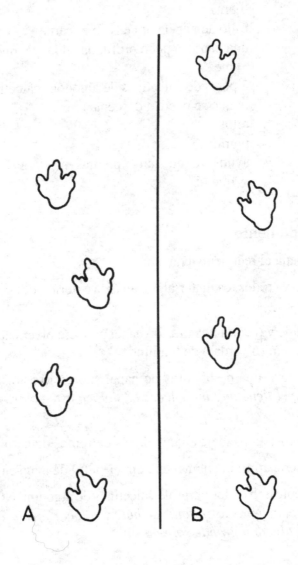

Actividad: CORREDORES DE VELOCIDAD

Propósito   Utilizar las huellas para determinar la velocidad.

Materiales   un recipiente de plástico de 1 litro ($^1/_4$ de galón)
        de capacidad
agua de la llave
una regla de madera de un metro
tijeras
rollo de papel para envolver carne
una bandeja poco profunda en la que quepan tus
        pies
2 pares de calcetines de algodón (calcetines viejos
        que se puedan desechar)
reloj
plumín
ayudante (que tenga piernas más largas o más cortas
        que tú)

Procedimiento

1. Llena el recipiente con agua.

2. Lleva todos los materiales a un área exterior, de preferencia con pasto.

3. Mide y recorta dos tiras de papel para envolver carne, cada una de 6 m (6 yardas) de longitud.

4. Coloca una de las tiras de papel sobre el pasto. NOTA: *si el papel tiene un lado encerado, coloca éste contra el pasto y el lado no encerado hacia arriba.*

5. Coloca la bandeja en uno de los extremos de la tira.

6. Vierte aproximadamente 2 cm (1 pulg) de agua en la bandeja.

7. Ponte uno de los pares de calcetines de algodón. NOTA: *si hace frío, deberás usar botas de hule y colocar un par de calcetines de algodón grande sobre las botas.*

8. Humedece la parte de abajo de los calcetines metiendo tus pies en la bandeja.

9. Párate en el extremo de la tira de papel y pídele a tu ayudante que registre el tiempo que tardas en llegar al otro extremo a velocidad normal.

10. Registra el tiempo que hiciste como "tiempo caminando".

11. Utiliza el plumín para dibujar el contorno de las huellas húmedas sobre el papel.

12. Extiende la segunda tira de papel sobre el pasto, como la anterior, junto a la bandeja de agua.

13. Nuevamente, humedece la parte de abajo de los calcetines en el agua de la bandeja.

14. Párate en el extremo de la tira de papel y pídele a tu ayudante que tome el tiempo que tardas en llegar corriendo al otro extremo.

15. Registra el tiempo que hiciste como "tiempo corriendo".

16. Con el plumín, dibuja el contorno de las huellas húmedas sobre el papel.

17. Con la regla de madera, compara tu ciclo de carrera con tu paso. Mide de dedo gordo a dedo gordo, o de talón a talón.

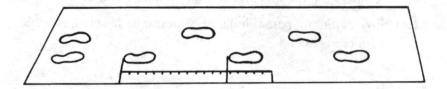

18. Repite los pasos 3 a 17. Ahora tu ayudante hará las huellas y tú medirás el tiempo.

19. Compara tu ciclo de carrera y tu paso con los de tu ayudante.

Resultados El ciclo de carrera es más corto y el tiempo más largo para las huellas hechas al caminar. Las huellas hechas al correr producen un ciclo de carrera más largo en menos tiempo. El paso será más grande para la persona que tenga las piernas más largas.

¿Por qué? La secuencia de las huellas sobre el papel se llama **rastro** o **sendero**. Al delinear con plumín las huellas húmedas obtienes huellas permanentes sobre el papel. Algunas de las huellas de dinosaurios hechas en lodo se endurecieron con el tiempo y se convirtieron en piedra. Estas huellas fosilizadas de dinosaurio, al igual que las huellas que dibujaste en este experimento, pueden utilizarse para determinar la velocidad del animal que las hizo. En este experimento, comparaste las huellas del paso y del ciclo de carrera de una persona hechas al caminar y al correr con las huellas hechas por una persona cuyas piernas tienen una longitud diferente. El paso de la persona que tiene las piernas más largas es más grande, y el ciclo de carrera hecho al correr fue más grande que el que se hace caminando. Los mismos hechos pueden aplicarse a los dinosaurios.

Solución a los ejercicios

1. ¡Piensa!

- ¿Cuál conjunto de huellas indica que el animal iba corriendo? Cuanto más rápido se mueve un animal, tanto más largo su ciclo de carrera.

El conjunto B indica que el animal iba corriendo.

2. ¡Piensa!

- ¿Cuál conjunto de huellas fue hecho por un animal de patas más largas? El paso de los animales que tienen patas más largas es más largo.

El conjunto B fue hecho por un animal que tiene patas más largas.

20
El fin

**La misteriosa desaparición
de los dinosaurios**

Lo que necesitas saber

Hace aproximadamente 65 millones de años, al final del periodo Cretácico, murieron los últimos dinosaurios. ¿Qué les pasó a estos gigantes que habían dominado la Tierra? ¿Murieron repentinamente o al paso de un espacio largo de tiempo? Realmente nadie conoce las respuestas, aunque muchos científicos han estudiado estas preguntas y han propuesto muchas teorías.

Algunas de las teorías son sencillas. Quizá otros animales comían los huevos de los dinosaurios, haciendo que éstos se fueran extinguiendo con el tiempo. O tal vez una enfermedad acabó con todos ellos.

La mayoría de las teorías son más complicadas, y tienen que ver con un exceso de radiación y con cambios importantes en el medio ambiente. Algunos científicos creen que una supernova explotó cerca de la Tierra, saturándola de radiación durante décadas. Otros piensan que muchos volcanes arrojaron lava y ceniza a la atmósfera al mismo tiempo, provocando un cambio grande y notable en el clima de la Tierra.

Más recientemente, los científicos han propuesto la teoría de que algo proveniente del espacio, quizá un meteorito, chocó con la Tierra y destruyó a los dinosaurios. Esta idea se basa en el descubrimiento de una capa delgada de **iridio** (un mineral que es más común encontrarlo en los meteoritos que en la Tierra), en estratos rocosos de 65 millones de años de antigüedad. Este descubrimiento llevó a los científicos a pensar que un gran meteorito se estrelló contra la Tierra, creando una nube de polvo que rodeó al planeta durante varios años. La nube bloqueó la luz solar y provocó un descenso de temperatura, lo que tuvo como resultado la muerte de plantas y animales.

Aunque esta teoría está apoyada por el descubrimiento de la capa de iridio, no proporciona todas las respuestas. ¿Por qué se extinguieron los dinosaurios mientras que otros animales, como mamíferos, aves y tortugas sobrevivieron? ¿Dónde está localizado el cráter que debió haberse producido por la colisión?

Ejercicios

La transferencia de energía de una forma de vida a otra se llama **cadena alimentaria**. Utiliza el dibujo anexo de una cadena alimentaria básica, para elegir la mejor respuesta a las siguientes preguntas:

1. ¿Qué le pasaría a los otros organismos de la cadena alimentaria si el carnívoro se enfermara y muriera?

    a. Todos los organismos morirían.

    b. Habría un incremento de herbívoros y disminuirían las plantas.

2. ¿Qué pasaría si se bloqueara la luz solar?

    a. A la larga todos los organismos morirían.

    b. Sólo morirían las plantas.

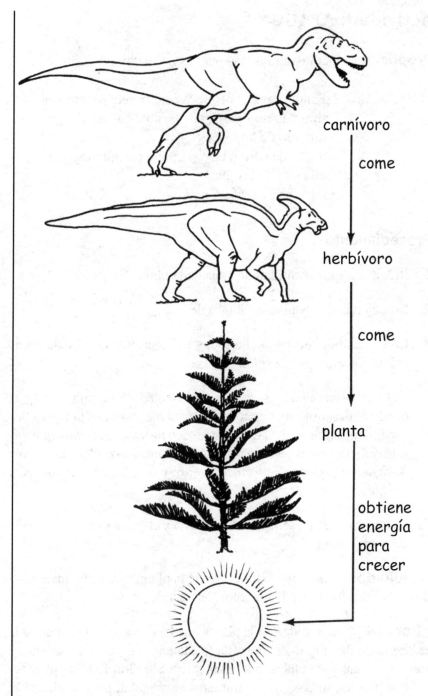

CADENA ALIMENTARIA BÁSICA

Actividad: APAGÓN

Propósito   Demostrar que las plantas necesitan luz solar.

Materiales   2 plantas caseras pequeñas en maceta (del mismo tipo y lo más parecidas posible en tamaño y número de hojas)
una caja de cartón cuyo tamaño permita meter en ella una de las plantas
cinta adhesiva (*masking tape*)

Procedimiento

1. Riega con igual cantidad de agua cada planta.

2. Coloca una de las plantas dentro de la caja.

3. Con la cinta adhesiva, sella todas las aberturas de la caja para evitar que entre la luz solar.

4. Coloca ambas macetas, la que está dentro de la caja y la que quedó al descubierto, cerca de una ventana (observa la figura de la página contraria). NOTA: *si se seca la tierra de la planta que no está cubierta, riega ambas macetas con la misma cantidad de agua. Abre la caja dentro de un clóset oscuro y séllala antes de sacarla del clóset.*

5. Al término de una semana, abre la caja y compara su color con el de la otra planta.

Resultados   Las hojas y los tallos de la planta que se ha mantenido en la oscuridad son de un color más pálido.

¿Por qué?   La palidez de la planta que ha crecido en la oscuridad es resultado de la falta de clorofila (sustancia pigmentada que utilizan las plantas para elaborar su alimento). Sin clorofila, las plantas no sólo pierden su color sino también su capacidad para producir la energía necesaria para la vida. Después de un tiempo determinado,

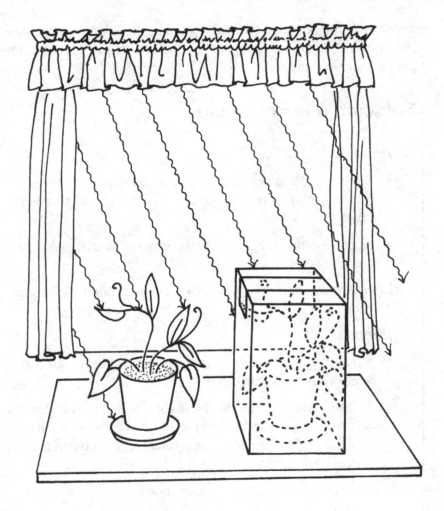

las plantas que no reciben luz no producen clorofila y finalmente mueren.

Si nubes de polvo producidas por un cataclismo bloquearan la luz solar, la falta de luz por sí sola provocaría que las plantas sufrieran lo mismo que la planta del experimento. Sin plantas, los herbívoros morirían y a la larga los carnívoros se matarían unos a otros.

En este experimento no se han considerado otras circunstancias que se presentarían si se interrumpiera el paso de la luz solar, como un cambio en la temperatura. Diseña tu propio experimento para someter a prueba el cambio de temperatura que ocurriría por la disminución de los rayos solares.

Solución a los ejercicios

1. ¡Piensa!

- Sin la presencia del carnívoro para matarlos, ¿quiénes estarían en la parte superior de la cadena alimentaria? Los herbívoros.

- Si aumentara el número de herbívoros, ¿comerían más o menos plantas? Comerían más plantas.

b. *Habría un incremento de herbívoros y las plantas disminuirían.*

2. ¡Piensa!

- Sin luz solar, las plantas no pueden vivir. ¿Pueden los herbívoros vivir sin plantas? No.

- Si las plantas mueren, los herbívoros mueren. ¿Pueden los carnívoros vivir sin los herbívoros? Los carnívoros pueden comerse a otros carnívoros, pero finalmente se comerían unos a otros hasta la extinción.

a. *A la larga, todos los organismos morirían.*

Apéndice 1

Glosario de dinosaurios

Anatosaurus (anatosaurio o "lagarto pato")   Se han encontrado muchos esqueletos y algunas impresiones de la piel de este dinosaurio de finales del Cretácico. La presencia de restos de arbustos, frutos y semillas en el contenido estomacal fosilizado permite saber que era un dinosaurio terrestre. Los cráneos indican que tenía mil o más dientes y un agudo sentido de la vista.

Ankylosaurus (anquilosaurio o "lagarto encorvado")   El cuerpo de este cuadrúpedo de patas cortas estaba cubierto de placas que formaban una coraza, y en el extremo de su cola tenía huesos redondos que utilizaba para protegerse de los depredadores.

Apatosaurus (apatosaurio o "lagarto engañoso")   Este dinosaurio fue bautizado así porque sus huesos se confundieron al principio con los del *Diplodocus*. Llegó a medir hasta 21 metros (70 pies) de largo y a pesar casi 27 toneladas métricas (30 toneladas inglesas). Se cree que tragaba piedras a fin de utilizarlas para moler la comida dentro de su cuerpo. Anteriormente se le conocía con el nombre de *Brontosaurus* (brontosaurio).

Brachiosaurus (braquiosaurio o "lagarto con brazos")   Saurópodo gigante del Jurásico que de pie alcanzaba aproximadamente 12 metros (40 pies) de altura, medía 27 metros (90 pies) de largo y pesaba de 70 a 90 toneladas métricas (80 a 100 toneladas inglesas). Sus extremidades delanteras eran más largas que las traseras.

Chasmosaurus (casmosaurio o "lagarto con aberturas")   Debe su nombre a las aberturas o ventanas en el largo hueso parietal del cráneo, que se extendía dorsalmente sobre el cuello y los hombros a manera de un escudo. Se han encontrado muchos fósiles de este dinosaurio de cuernos en los sedimentos de finales del Cretácico en Alberta, Canadá. Era herbívoro.

Coelophysis (celofisis o "de forma hueca")   Este pequeño bípedo de finales del Triásico tenía huesos huecos como los de las aves y se cree que se movía con rapidez para atrapar a su presa.

Compsognathus (o "quijada elegante o delicada")   Este pequeño dinosaurio bípedo (aproximadamente del tamaño de un pollo) vivió en Europa a finales del periodo Cretácico. Lo más probable es que se alimentara de insectos y reptiles pequeños. Asimismo, es posible que este dinosaurio con aspecto de ave por sus largas patas traseras y pies de tres dedos tuviera plumas.

Dimetrodon (dimetrodonte o "dientes de dos medidas o de dos tipos")   El *Dimetrodon* no es propiamente un dinosaurio, sino un pelicosaurio (reptiles muy primitivos que vivieron antes que los dinosaurios, y por presentar ciertos caracteres en la estructura del cráneo se considera que representan la primera etapa en la evolución hacia los mamíferos) que tenía una aleta dorsal o vela de 60-90 cm (2-3 pies) de longitud sostenida por espinas muy alargadas que se proyectaban de las vértebras y que probablemente le ayudaba a regular su temperatura corporal.

Dinosaurio (o "lagarto terrible")   El científico británico Richard Owen inventó este nombre en 1841 para designar al grupo especial de reptiles que vivieron desde mediados del Triásico hasta fines del Cretácico. Habitaron la faz de la Tierra por aproximadamente 140 millones de años.

Diplodocus (diplodoco o "doble poste")   Este saurópodo del Jurásico superior tenía un cuello largo y una cola en forma de látigo. Se ha encontrado un esqueleto completo. Medía 27 metros (90 pies) de largo y pesaba más o menos 11 toneladas métricas (12 toneladas inglesas). Poseía en las patas unas almohadillas parecidas a las que tienen los elefantes de hoy.

Dryosaurus (driosaurio o "lagarto roble")   Recibe este nombre porque el dibujo o relieve que forman las crestas de la superficie de moledura de sus dientes molares recuerda la forma de una hoja de roble. Aproximadamente, *Dryosaurus* medía 4 metros (12 pies) de largo, su estatura era de 1.20 metros (4 pies) y pesaba 80 kg (170 libras). Cada una de sus manos tenía cinco dedos, su cabeza era pequeña con una trompa semejante a un pico de ave y se desplazaba sobre un par de patas traseras largas y fuertes.

Hypacrosaurus (hipacrosaurio o "lagarto cerca de la cumbre")   Este gran dinosaurio bípedo de cresta hueca tenía pico de pato. Los hallazgos fósiles indican que fue uno de los dinosaurios más abundantes de finales del periodo Cretácico en Baja California, México. También se han encontrado fósiles en Alberta, Canadá. Se cree que las crías recién salidas del cascarón eran débiles y que dependían del padre o de la madre para alimentarse.

Hypselosaurus (hipselosaurio o "lagarto supremo")   Este pequeño saurópodo del periodo Cretácico superior es mejor conocido por sus huevos redondos y grandes que fueron encontrados en nidos en forma de cráter en Francia; se trata de los huevos de dinosaurio más grandes jamás encontrados, ya que tienen un diámetro de 30 cm (12 pulg) y un volumen de 2 litros (½ galón).

Hypsilophodon (hipsilofodonte o "dientes de crestas altas")   Su nombre deriva de las profundas crestas que presentan sus dientes molares. Se han encontrado muchos esqueletos, algunos completos, de este bípedo del Cretácico Superior. Se cree que era capaz de moverse con gran rapidez. Aunque tenía manos prensiles, hoy se piensa que no trepaba a los árboles porque sus dedos eran demasiado cortos para sujetarse a las ramas y sus pies no estaban adaptados para trepar. Usaba la cola para equilibrarse. Se cree que las crías recién nacidas eran fuertes y que abandonaban el nido tan pronto como salían del cascarón.

Ichthyosaurus (ictiosaurio o "lagarto pez")   No era propiamente un dinosaurio sino un reptil marino cuyas crías se desarrollaban dentro del cuerpo de la madre. El *Ichthyosaurus* vivió desde mediados del Triásico hasta el Cretácico. Se cree que nunca abandonó el agua.

Iguanodon (iguanodonte o "diente de iguana")   Este grupo de bípedos vivieron desde el Jurásico superior hasta el Cretácico Superior, y probablemente poblaron todo el mundo.

Kritosaurus (critosaurio o "lagarto elegido")   Herbívoro bípedo que medía aproximadamente 10 metros (30 pies) de largo y 5 metros (15 pies) de alto. Su peso probable fue de 2.7 toneladas métricas (3 toneladas inglesas) aproximadamente.

Lystrosaurus (listrosaurio o "lagarto pala")   Un reptil con aspecto de hipopótamo cuya mandíbula tenía forma de pala.

Maiasaura (o "lagarto buena madre")   Este dinosaurio bípedo con pico de pato del periodo Cretácico superior recibió este nombre debido a que sus restos fósiles fueron encontrados cerca de un nido de crías en Montana, Estados Unidos.

Micropachycephalosaurus (micropaquicefalosaurio o "lagarto de cabeza pequeña y maciza")   Solamente se ha encontrado una parte de la caja craneana de este dinosaurio en rocas del Cretácico superior en China. Se cree que fue un herbívoro bípedo.

Minmi   Recibió este nombre por el lugar en que fueron encontrados los primeros fósiles de este ejemplar: Minmi Crossing, Queensland, Australia. El cuerpo y la cola de este dinosaurio estaban protegidos por una armadura de placas óseas.

Opisthocoelicaudia (opistocelicaudia o "de cola que se ahueca hacia atrás")   Se encontró un esqueleto casi completo de este saurópodo del Cretácico superior en Mongolia. Sostenía su cola corta bastante alejada del suelo. Era herbívoro.

Parasaurolophus (parasaurolofo o "parecido al lagarto crestado -*Saurolophus*-")   Dinosaurio con pico de pato, bípedo y herbívoro que tenía una larga cresta hueca en la cabeza, la cual probablemente utilizaba para producir sonidos y mejorar el olfato; vivió durante el Cretácico superior en el occidente de América del Norte. Medía 10 metros (30 pies) de largo, 5 metros (15 pies) de altura y pesaba de 2.7 a 3.6 toneladas métricas (3 a 4 toneladas inglesas).

Plateosaurus (plateosaurio o "lagarto plano")   Uno de los primeros y de los más grandes dinosaurios del periodo Triásico; probablemente este herbívoro fue uno de los primeros dinosaurios endotérmicos. Se han encontrado varios esqueletos completos de este ejemplar.

Plesiosaurus (plesiosaurio o "lagarto en forma de banda")   No es propiamente un dinosaurio sino un reptil marino que se alimentaba de peces y se impulsaba a través del agua gracias a sus patas transformadas en potentes remos. El *Plesiosaurus* vivió en el periodo Jurásico.

Protoceratops (o "el primero de cara con cuernos")   Este dinosaurio cuadrúpedo, herbívoro y del tamaño de un cerdo, tenía pico de perico y una especie de valona ósea alrededor del cuello. Sus huevos con forma de papa fueron los primeros huevos de dinosaurio en ser identificados. Todas las etapas del desarrollo de huevo a adulto están representadas por fósiles.

Saurópodo (o "pata de lagarto")   Los animales terrestres de mayores dimensiones que se conocen recibieron este nombre porque sus patas tenían cinco dedos al igual que los lagartos de hoy. La altura de estos herbívoros cuadrúpedos variaba desde los 9 hasta los 30 metros (de 30 a 100 pies). Había dos grupos de saurópodos: 1) los que poseían dientes en forma de gancho o garfio, conocidos con el nombre de Titanosauridae (nombre de la familia; se pronuncia *titanosauride*; nombre común: titanosáuridos), y 2) aquellos que tenían dientes en forma de cuchara, que reciben el nombre de Brachiosauridae (braquiosáuridos).

Spinosaurus (espinosaurio o "lagarto con espinas")   El *Spinosaurus* era un carnívoro de gran tamaño que vivió en el periodo Cretácico Superior, tenía una vela o aleta enorme en forma de abanico que se extendía desde la parte media del cuello hasta la cadera, y que estaba sostenida por una serie de espinas de hasta 2 m (7 pies) proyectándose de las vértebras dorsales. Es probable que esta aleta le haya servido para controlar su temperatura corporal.

Stegosaurus (estegosaurio o "lagarto con cubierta")   Éste era un herbívoro de cráneo pequeño cuyo cerebro era del tamaño de una pelota de golf, tenía púas en la cola y dos hileras de 17 placas óseas en el lomo. Es probable que estas placas le ayudaran a controlar su temperatura corporal. Vivió durante el periodo Cretácico superior. Se han encontrado muchos esqueletos de este ejemplar en los estados de Colorado, Utah y Wyoming en Estados Unidos.

Stenonychosaurus (estenonicosaurio o "lagarto de garras delgadas") Carnívoro bípedo del periodo Cretácico superior que probablemente fue el dinosaurio más inteligente. Tenía huesos huecos, cerebro grande, ojos grandes y dedos flexibles y delgados. Muy probablemente fue un cazador eficaz debido a que su gran cerebro pudo haberlo dotado de sentidos altamente desarrollados y reflejos rápidos.

"Supersaurus" (supersaurio o "lagarto superior") Su nombre se escribe aquí entre comillas debido a que todavía no ha sido descrito ni se le ha otorgado un nombre en forma oficial. Se tiene noticia de este ejemplar únicamente por algunos huesos gigantes encontrados en Colorado, Estados Unidos. El *"Supersaurus"* pudo haber sido una variación más grande del *Brachiosaurus*. Fue encontrado por James A. Jensen en 1972. Probablemente medía 30 metros (90 pies) de largo y 15 metros (45 pies) de altura; tan alto como un edificio de cinco pisos.

Triceratops (o "cara con tres cuernos") Era el más grande y pesado de los dinosaurios del suborden Ceratopsia, que se caracterizaban por un cuerpo robusto, caminar en cuatro patas y presentar un cráneo muy desarrollado, cuernos largos y un pico córneo agudo. Se cree que el *Triceratops* no tuvo enemigos reales. Fue uno de los últimos dinosaurios en extinguirse. Probablemente atacaba con ímpetu a sus enemigos embistiendo del mismo modo que lo hacen los rinocerontes de hoy.

Troödon (troodonte o "diente que hiere") Dinosaurio de tamaño pequeño que medía tan sólo 2.4 metros (8 pies), pero que estaba provisto de garras y de dientes largos, afilados y serrados. Es probable que haya tenido visión binocular.

Tyrannosaurus rex (tiranosaurio rex o "rey lagarto tirano") El más grande y el último de los dinosaurios carnívoros gigantes. El *T. rex* medía aproximadamente 15 metros (45 pies) de largo, alcanzaba 7 metros (20 pies) de altura, y pesaba aproximadamente 6.3 toneladas métricas (7 toneladas inglesas).

Ultrasaurus (ultrasaurio o "lagarto extremo") Es el más grande de los dinosaurios conocidos. Se calcula que debió haber medido más de 30 metros (90 pies) de largo y 20 metros (60 pies) de altura, y que pesaba 110 toneladas métricas (120 toneladas inglesas) o incluso más. James A. Jensen encontró únicamente algunos huesos gigantes de este ejemplar en Colorado en 1979.

Tabla de nombres de dinosaurios

Muchas de las palabras del español y de otros idiomas están formadas por raíces tomadas del latín y el griego antiguos. La siguiente lista te ayudará a comprender el significado de los nombres de dinosaurios. Por ejemplo, el nombre **Maiasaura** se forma combinando las raíces *maia* (buena madre) y **sauro** (lagarto), lo que permite saber que este dinosaurio probablemente cuidaba muy bien a sus crías. Intenta deducir tú mismo algunos nombres.

Raíz griega o latina	Significado
anato	pato
ankylo	encorvado
anuro	cola
avi, avis	ave
bary	pesado
brachio	brazo
caudia	cola
centro	centro
cephalo	cabeza
cerat, ceros	cuerno
chasmo	abertura
coeli	hueco
compso	bonito, elegante
di, diplo	dos
dino	terrible
docus	poste, viga
don, dont	diente
dryo	roble
gnathus	quijada
hadro	grande

Raíz griega o latina	Significado
hypacro	cerca de la cumbre
hypselo, hypsi	supremo, principal
ichthyo	pez
iguano	iguana
krito	elegido
lopho	cresta
lystro	pala, cuchara
maia	buena madre
masso	cuerpo voluminoso
mega	grande
metro	medida
micro	pequeño
minmi	Minmi Crossing, Queensland
nycho	garra
opistho	hacia atrás, detrás
ops	cara
pachy	macizo
pacro	con crestas
para	junto a, parecido
physis	forma
plateo	plano
plesio	faja, listón
pod, ped	pie
proto	primero
rex	rey
saur, sauro, saurus	lagarto, lagartija
segno	lento
spino	espina
stego	techo, cubierta
steno	delgado
super	superior
thero	verano
tri	tres
troö	herida
tyranno	tirano
ultra	extremo, sumo
urus	cola
veloci	veloz
vulcano	volcán

Glosario

Nota: consulta en el apéndice 1 los nombres de los dinosaurios.

acuático Que vive en el agua.

ámbar Resina o savia endurecida proveniente de los árboles.

anatomía Ciencia que estudia la estructura de las partes del cuerpo de un animal o una planta.

anfibio Que puede vivir tanto en la tierra como en el agua.

bípedo Animal que anda en dos patas.

cadena alimentaria Transferencia de energía de una forma de vida a otra.

camuflaje Capacidad de pasar desapercibido gracias a la similitud de colores y/o diseños del cuerpo de un animal con su entorno.

carnívoro Que se alimenta de carne; un animal que se come a otros animales.

centro de gravedad Punto de equilibrio de un objeto.

ciclo de carrera Distancia desde un punto en una huella de pie hasta el mismo punto en la siguiente huella hecha por el mismo pie.

clorofila Sustancia pigmentada que utilizan las plantas para elaborar su alimento.

Cretácico, periodo Último periodo de la era Mesozoica; hace 65-135 millones de años.

cuadrúpedo Animal con cuatro patas.

deriva continental Teoría que establece que alguna vez existió una sola masa continental en la Tierra, que se fue fracturando y separando a lo largo de millones de años hasta formar los continentes tal como hoy se conocen.

desintegración radiactiva   Emisión de energía radiante por el núcleo de un átomo; cambio que da origen a un átomo de otro elemento.

dinosaurios   Reptiles extintos que vivieron aproximadamente hace 65-225 millones de años.

ectotérmico ("calor exterior")   De sangre fría; la temperatura corporal de un animal ectotérmico cambia con la temperatura de su medio ambiente.

edad relativa   Antigüedad de un objeto o evento en comparación con otro objeto o evento.

elevar al cuadrado o cuadrar   Multiplicar un número por sí mismo.

elevar al cubo o cubicar   Multiplicar un número por sí mismo dos veces.

endotérmico ("calor interno")   De sangre caliente; un animal endotérmico mantiene una temperatura corporal constante, independientemente de la temperatura de su medio ambiente.

era   Cada uno de los intervalos del tiempo geológico basados en los cambios de la corteza terrestre y las formas de vida. Las cuatro eras geológicas son: Cenozoico, Mesozoico, Paleozoico y Precámbrico.

era Cenozoica ("vida reciente")   La cuarta y actual era del tiempo geológico; se inició hace aproximadamente 65 millones de años con la desaparición de los dinosaurios y aún no ha terminado.

era Mesozoica ("vida intermedia")   Tercera era del tiempo geológico. Aproximadamente, comenzó hace 225 millones de años y terminó hace 65 millones de años. A menudo se le conoce como la era de los dinosaurios debido a que se cree que estos animales vivieron durante esta era.

era Paleozoica ("vida antigua")   Segunda era del tiempo geológico. Aproximadamente, se inició hace 600 millones de años y terminó hace 225 millones de años.

era Precámbrica   Primera era del tiempo geológico. Se inició con la creación de la Tierra hace aproximadamente 4500 millones de años y terminó hace 600 millones de años.

escala del tiempo geológico   Representación gráfica de la historia de la Tierra dividida en unidades de tiempo con base en los cambios geológicos de la corteza terrestre y los cambios repentinos en las formas de vida, como la desaparición de los dinosaurios.

excavar   Desenterrar.

fósiles   Huellas de restos de plantas y animales prehistóricos.

fuerza de flotación o **empuje hidrostático**   Fuerza que empuja hacia arriba, como el empuje vertical hacia arriba que ejerce el agua sobre los objetos sumergidos en ella.

geólogo   Científico que estudia la historia de la Tierra.

hábitat   lugar donde un animal o planta vive o crece de manera natural.

herbívoro   Que se alimenta de plantas; un animal que come plantas o algunas partes de ellas.

impresiones   Marcas hechas por los organismos en barro suave y que se conservaron gracias a la solidificación del barro; pueden ser huellas de la actividad de un animal, en vez de sus restos reales.

iridio   Mineral que es más frecuente encontrar en los meteoritos que en la Tierra; se descubrió una capa delgada de iridio en estratos rocosos de 65 millones de años de antigüedad.

Jurásico, periodo   Segundo periodo de la era Mesozoica, hace 135-195 millones de años.

masa   Cantidad de materia contenida en una sustancia.

moldes   Cavidades en la roca que se forman cuando los organismos quedan enterrados, total o parcialmente, en lodo que se endurece para formar roca; al paso del tiempo el agua subterránea disuelve los organismos, quedando huecos con las formas de su cuerpo.

núcleo   Centro de un átomo.

paleontólogo   Científico que estudia la vida prehistórica sobre la Tierra.

Pangea ("toda la Tierra")   Nombre dado a la única gran masa de tierra que se cree existió antes de que los continentes se separaran.

paso   Distancia desde un punto en la huella de un pie al mismo punto en la siguiente huella hecha por el pie opuesto.

periodo   Cada uno de los intervalos de tiempo en los cuales se divide una era.

peso   Magnitud de la atracción que la gravedad ejerce sobre un objeto.

porosidad   Estado en el cual existen múltiples aberturas diminutas o poros.

radiación   Energía radiante que emiten los átomos al producirse la desintegración radiactiva.

radiactivo   Condición de los elementos cuando los núcleos de sus átomos se desintegran o cambian.

restos orgánicos fósiles   Restos conservados de organismos prehistóricos, como huesos o conchas.

retina   Membrana posterior del globo ocular que recibe las imágenes y las envía al cerebro a través del nervio óptico.

sedimento   Pequeñas partículas de roca y minerales depositadas por agua, viento o hielo.

sendero o **rastro**   Secuencia de rastros o huellas dejadas por organismos que se mueven.

terrestre   Que vive en la tierra.

Triásico, periodo   Primer periodo de la era Mesozoica, hace 195-225 millones de años.

vaciado   Reproducción sólida de un organismo que se obtiene al llenar un molde con una sustancia como barro o yeso que se solidifica; un molde tiene la misma forma exterior que el organismo.

vestigios fósiles   Huellas, senderos, galerías y demás pruebas indirectas de vida prehistórica.

vida media   El tiempo que se requiere para que se desintegre la mitad de la masa de un elemento radiactivo.

visión binocular o **estereoscópica**   Capacidad de combinar las imágenes percibidas por ambos ojos en una sola representación.

visión periférica   Campo exterior de visión; lo que puede ser visto a los lados al mirar hacia adelante.

zoogeografía   Estudio de la distribución de los diferentes tipos de animales en el mundo como resultado de sus movimientos naturales.

Índice

La EDICIÓN, COMPOSICIÓN, DISEÑO E IMPRESIÓN DE ESTA OBRA FUERON REALIZADOS
BAJO LA SUPERVISIÓN DE GRUPO NORIEGA EDITORES
BALDERAS 95, COL. CENTRO. MÉXICO, D.F. C.P. 06040
2213290000401518DP9200IE